极简 史记

极简历史书系

名士篇

孙伟民◎著

山西出版传媒集团 三晋出版社

图书在版编目（CIP）数据

极简史记.名士篇/孙伟民著.-- 太原：三晋出

版社,2024.8.-- ISBN 978-7-5457-3049-4

Ⅰ.K820.2

中国国家版本馆 CIP 数据核字第 2024PE1625 号

极简史记·名士篇

著　　者：孙伟民
责任编辑：莫晓东
助理编辑：梁富正

出　版　者：山西出版传媒集团·三晋出版社
地　　址：太原市建设南路 21 号
电　　话：0351—4956036（总编室）
　　　　　　0351—4922203（印制部）
网　　址：http://www.sjcbs.cn

经　销　者：新华书店
承　印　者：三河市同力彩印有限公司

开　　本：787mm×1092mm　1/16
印　　张：12
字　　数：138 千字
版　　次：2024 年 8 月第 1 版
印　　次：2024 年 8 月第 1 次印刷
书　　号：ISBN 978-7-5457-3049-4
定　　价：68.00 元

如有印装质量问题，请与本社发行部联系　电话：0351—4922268

目录

第一章 微言大义 儒家宗师——孔子

孔子（公元前551—前479年），春秋时期鲁国人，我国历史上伟大的思想家、教育家、政治家。

孔子出身贵族，但幼年丧父，过着清贫孤苦的生活。成年后的孔子步入仕途，但不被重用。孔子五十多岁时曾任鲁国的大司寇，但因和当权者的矛盾激化，不得已离开鲁国，周游卫、陈、蔡、叶等国。孔子晚年时又回到鲁国，继续从事教育工作并整理儒家典籍，其思想对后世影响极大。

一 没落贵族，孤苦童年

孔子的父亲名纥（hé），字叔梁。在孔子出生之前，他的父亲已经有了九个女儿和一个儿子，这个儿子的名字叫孟皮。按照当时的规定，脚有残疾的孟皮是不能继承家业的，因此父亲一直希望能再有个健康的儿子。

相传，孔子的父母到尼丘山向上天祈求再生育一个儿子后，孔子的母亲就怀孕了。公元前551年，孔子出生了。因为孔子出生时头顶上有个小坑，看起来像是一个山丘，于是父母便给他取名为"丘"；又因为孔子是第二个儿子，他的出生又与尼丘山有关，"仲尼"（"仲"在兄弟排行里代表第二）便成为孔子的字。

孔子出生时，他的父亲已经七十二岁了。父亲对孔子非常疼爱，一家人的生活虽不富足，但算得上和和美美。可幸福的时光转瞬即逝，公元前549年，也就是在孔子三岁的时候，疼爱他的父亲去世了。孔子一家失去了依靠，生活变得非常艰难。

俗话说"穷人的孩子早当家"，过早体会到人间冷暖的孔子意识到了知识与生活技能的重要性，他暗自立志一定要勤奋学习，希望将来可以出人头地。

孔子天资聪颖，当他的小伙伴们还在父母的保护下无忧无虑地玩耍时，孔子已经跟大人们学会了如何行礼。孔子常常摆弄祭祀（jì sì，

▲明·无名氏《孔子燕居像》

古时候的习俗，人们会准备好供品后向祖先行礼，表达自己的崇敬并祈求得到保佑）用的一些东西，有时还约上几个小伙伴一起表演礼仪。只靠这样，他竟然能把祭祀之礼学得有模有样。孔子就在这样的环境中逐渐长大了。

二　授徒兴学，有教无类

长大后的孔子虽然学识渊博，但是家境贫寒，社会地位比较低，因此一直没有什么机会在鲁国做官，就算做官，也只能做一些位卑权轻的小官。

孔子做官做得很不顺心，便换了一种想法，决定招一些学生，给这些学生讲课。当时，孔子已经是一个非常有学问的人了，所以他很快就招收到了不少学生。随着孔子的名气越来越大，仰慕他的人越来越多，很多人都表示想要跟随孔子学习。

孔子在向学生讲课的时候，并不在意学生的身份是高贵还是贫贱。他认为无论贵族还是平民，都有平等接受教育的权利，不管什么人，只要肯学习，都应该被同等对待。有一些穷人家的孩子想要跟随孔子学习，但又实在拿不出学费，孔子表示："只要拿出一些肉干给我，就可以做我的学生了！"这些穷人家的孩子听说后，非常感谢孔子。

孔子在教学时很有自己的一套方法，他非常尊重学生自己对问题的独特见解，他认为很多问题并没有对错之分，只要自己的见解有道理就行。孔子也注重保护学生的个性，从不将自己的想法强加给学生。因此，学生们都很敬重孔子。

有一天，子路、曾皙（xī）、冉有、公西华这四个学生陪同孔子坐着聊天。

孔子说："你们平时总说没有人欣赏你们，那如果现在有国君赏识你们的话，你们都打算做些什么呢？"

子路不假思索地抢着说："如果有一个有着一千辆兵车的国家（在春秋时期，这算是一个有一定实力的中等国家），即使这个国家被实力更强大的国家所威胁，国内又连年遭遇灾荒，让我去治理的话，保证只要三年，它就会更加富有强大，人人都遵守礼仪。"

孔子听后微微一笑，没有说话。

孔子转头看着冉有，问道："冉有，你有什么想法呢？"

冉有老实地回答说："如果我去治理一个方圆六七十里或五六十里的小国家的话，给我三年，我也可以使这个国家的人民生活富足。但我没有能力教导百姓遵守礼仪，这只能等待更有才能的人来完成了。"

孔子听后，依然没说话。

轮到公西华时，公西华更加谦虚地说："我不能保证自己有能力治理一个国家，但我愿意学习。当这个国家的国君在做祭祀活动或者举行大会的时候，我愿意戴着礼帽、穿着礼服，做一个小司仪。"

孔子听后，还是没有什么表示。

▲唐·阎立本《孔子弟子画像》

杏壇遺範

最后，孔子想问问曾皙是怎么想的。曾皙本来正在弹着瑟（sè）（古代的一种乐器），听到问题后，瑟声逐渐舒缓，"铿（kēng）"的一声，曾皙放下瑟，站起来，恭敬地回答道："老师，我和他们三位想得不太一样。"

孔子说："那又有什么关系呢？不过是每个人在谈自己的想法而已。"

曾皙说："我希望在春天快要结束的那段时间，可以穿上轻便的春装，和五六个成年人，还有六七个小孩子，在沂（yí）水（当时鲁国境内一条河流的名称，在今山东省）里洗洗澡，在舞雩（yú）台（鲁国求雨的地方）上吹吹风，傍晚时分再唱着歌一起走回来。"

孔子听了，长叹一声，说："我也有这个想法啊！"

孔子的教学是非常成功的，他是我国历史上一位伟大的教育家。据说他一生教过的学生多达三千人，其中有名气的学生有七十二人。

三 仕途起伏，饱经沧桑

鲁定公九年（公元前 501 年），孔子终于有了从政的机会。当时，孔子已经五十多岁了。

最初，孔子被鲁定公起用为中都宰（中都的地方官，负责刑事）。因为孔子治理得很不错，一年后又升做司空（主管建设工程的官员），后又做了司寇。

在孔子的治理下，鲁国的面貌发生了很大的变化，国家也日渐强大起来，这引起了邻国齐国的担忧。齐王担心鲁国强大后会攻打齐国，于是想出了一个卑鄙的计谋——他精心挑选了一批舞姿优美的美女和百匹良马送给鲁定公。

不出齐王的意料，鲁定公收到礼物后只是顾着享乐，很少再过问朝政。孔子看到鲁定公如此不思进取，大失所望，就带着他的学生离开了鲁国，到各国游历去了。

孔子先后去了卫国、宋国、郑国，后又在陈国居住了三年。一路上，孔子到处宣扬他的"仁者爱人""克己复礼"的儒家学说和治国理念。在当时，一个弱小的国家如果不想办法使自己变得强大，就很可能会被更强大的国家吞并。孔子的这些想法并不适合那时的形势，因此，虽然他很有才能，但没有一个国家肯重用他。

一次，孔子和他的几个学生经过陈国和蔡国的边境时，对孔子名声早有耳闻的楚昭王知道了，便派人去请孔子。

陈国和蔡国担心孔子被楚国重用后会对自己不利，竟然派兵将孔子和他的几个学生围困在路上很长一段时间。粮食吃完了，很多学生都饿得站不起来。但就算是在这样的环境中，孔子依然坚持每天给学生们弹琴奏乐、朗诵诗歌，表现出一副轻松自在的样子，直到楚国军队赶来救援，孔子和他的几个学生才脱离困境。

几番折腾之后，孔子的身体大不如从前。长时间的四处奔波，极大地耗费了孔子的心力，他感到前所未有的疲惫，他意识到自己老了。在一个漆黑的夜晚，孔子失眠了。他回想着自己多年来的经历，认为

▲清·焦秉忠《孔子圣迹图》之《在陈绝粮》

楚使人聘孔子孔子將往拜陳
蔡大夫謀曰孔子用於楚則
陳蔡危矣於是相與發徒圍
孔子於野不得行絕糧從者
病莫能興孔子誦讀絃歌不
衰於是使子貢至楚昭王興
師迎孔子然後得免
貢曰
猗歟聖道
丁此屯邅
既畏於匡
後厄於陳
君子固窮
處固而亨
戈兹戈威
不問不驚

定公立季氏僭公室阶臣执国政故孔子不仕退而修诗书定礼乐以故弟子弥众尾铄封沮宗国政移退而讲学礼乐祷书函杖执业群英济济玉教非私每行不舆

嘉靖辛卯秋七月既望书扵悟言室

徵明

▲明·仇英《孔子授书图》，明·文徵明书

自己一事无成，非常难过。最终，在学生们的劝说下，孔子决定返回鲁国。

四　修订典籍，至圣先师

公元前484年，年近七十岁的孔子被季康子（当时鲁国的一位重要官员）派人迎回鲁国。可是孔子回到鲁国后，还是没有得到鲁国国君的重用。

晚年的孔子不想再做官了，他将更多的心思投入到教书育人和编写典籍中。古代的许多文化典籍，如《诗经》《尚书》《礼记》《乐（yuè）经》《易经》等正是由于孔子的整理，才流传至今。最难能可贵的是，孔子还根据当时鲁国的史书，以编年体（这种体例以时间为中心，按年、月、日顺序记述史事）的形式整理编写了《春秋》一书。《春秋》上起鲁隐公元年（公元前722年），下至鲁哀公十四年（公元前481年），以鲁国为中心，讲述了我国春秋时期242年间的许多重大事件。

公元前483年的冬天，孔子唯一的儿子孔鲤去世。公元前481年，孔子最喜欢的学生颜回也去世了。接连遭受打击的孔子悲痛欲绝。公元前479年，孔子逝世，终年七十三岁，被葬于曲阜城北的泗水岸边。

孔子的学生很是悲痛，纷纷以对待父母的礼节为孔子服丧三年。孔子去世前，子贡因没能及时赶到老师身边而心存愧疚，更是在孔子的墓前为孔子服丧六年。

孔子去世的当年，鲁哀公追封孔子为"尼父"。第二年，鲁哀公又在孔子生前居住的地方修建庙宇，即孔庙。此后，很多皇帝都曾对孔庙进行增修扩建，并对孔子进行过多次追封和祭祀。孔子的思想对中国和世界都产生了深远的影响，他也因此名列"世界十大文化名人"之首。

原典精选

景公问政①孔子，孔子曰："君君②，臣臣，父父，子子。"景公曰："善哉！信如君不君，臣不臣，父不父，子不子，虽有粟，吾岂得而食诸！"他日又复问政于孔子，孔子曰："政在节财。"景公说③，将欲以尼谿（xī）田封孔子。

——《史记·孔子世家》

【注释】

①问政：询问政事。

②君君：做君主的要有君主的样子。"臣臣""父父""子子"的解释方式与此类似。

③说（yuè）：同"悦"，高兴。

【译文】

齐景公请教孔子如何治理朝政，孔子说："做君主的要有君主的样子，臣子要有臣子的样子，父亲要有父亲的样子，儿子要有儿子的样子。"景公听了后说："对极了！假如君主不像个君主，臣子不像个臣子，父亲不像个父亲，儿子不像个儿子，即使有再多的粮食，我又怎么能吃得下去呢（意思是说，我又怎能得到别人的敬重呢）！"某日，齐景公又向孔子请教治理朝政的道理，孔子说："管理国家最重要的举措是节约开支，避免浪费。"齐景公听了很高兴，打算把尼谿这个地方封赐给孔子。

知识拓展

有教无类：类，类别。意思是教育不分高低贵贱，人人都可接受教育。

例句：张老师在退休之前，一直坚持着有教无类的原则，很多家境贫寒的同学都在他的帮助下完成了学业。

《论语》中有一句话经常被误解，你知道是哪句吗？

那就是"唯女子与小人为难养也"，这句话出自《论语·阳货》。从字面来看，这句话中的"女子"是成年女性的意思，"小人"是品德败坏的人的意思，意思是说只有女人和坏人是最难养的。难道孔子是一个不尊重女性的人？事实真的如此吗？

实际上，"唯女子与小人为难养也"只是半句话，后面还有半句，整句话为："唯女子与小人为难养也。近之则不逊，远之则怨。"孔子的原意是："家里的侍妾和仆人最难相处了。你若和他们关系近了，他们就会对你不尊重；你若和他们关系远了，他们便会怨恨你。"这其实是在教育我们与别人交往时要注意：再亲密的人际关系，也要有边界感；虽然少见面，但感情上也不能疏远。如果只取这句话中的前半句，那显然就是误会孔夫子他老人家的原意啦。

当然，对于这句话，还有很多种解读，你有兴趣的话，不妨查一查吧！

第二章 继往开来 通达古今——孟子

孟子（约公元前 372—前 289 年），名轲，字子舆，邹国人。战国时期伟大的文学家、思想家、政治家和教育家，孔子之后儒家学派另一位代表人物。后人常将孟子与孔子进行比较，称孟子为『亚圣』，并尊称二人为『孔孟』，『孔孟之道』也被视为儒家学说的代名词，孟子的思想同样对后世影响深远。

一 孟母三迁，学有所成

孟子很小的时候，他的父亲便去世了，但母亲一直没有改嫁，母子二人相依为命地过日子，生活十分艰苦。他们曾经住在墓地附近，孟子看到来墓地的人跪拜、哭号（háo），觉得很有意思，便和邻居的小孩一起模仿大人祭拜，并玩起假装办理丧事的游戏。

有一次，孟子的母亲看到了孟子学人祭拜的场景，内心充满忧虑，皱着眉头说："看来这个地方并不适合我的孩子生活啊！"于是，孟子的母亲便将家搬到了集市旁，想着孟子离开了原来的环境，就可以安心读书了。

谁料想，将家搬到集市旁后，孟子又开始和邻居的小孩模仿集市上的商人，学他们做生意的样子。他们一会儿鞠躬欢迎，一会儿招待客人，一会儿讨价还价，表演得像极了。孟子的母亲看到这个场景，又皱着眉头说："看来这个地方也不适合我的孩子居住啊！"

再三考虑之后，孟子的母亲又决定搬家了，这一次他们将家搬到了学堂旁边。孟子看到学堂里的少年认真读书的样子，不知不觉间受到了他们的影响，开始变得懂礼貌、守规矩、喜欢读书。孟母看到后，非常满意地说："这才是适合我的孩子居住的地方啊！"

孟子和母亲就这样在学堂附近定居下来。在良好的学习与成长环境中，孟子的学习进步得很快。孟子长大成人后，知识渊博，名望很高，成为远近闻名的有才华的人。

孟母斷機教子圖

鄒孟軻之母也號孟母其舍近墓孟子之少也嬉
遊為墓間之事踴躍築埋孟母曰
此非吾所以居處子也乃去舍市傍其嬉戲為賈人衒賣之事孟母又曰此非吾所以
居處之童稚既學而歸孟母方織問其故孟母以刀斷其
遂居之至童稚既學而歸孟母方織問其故孟母以刀斷其
織孟子懼而問其故孟母曰子之廢學若吾斷斯織也夫君子學以立名問則廣知
是以居則安寧動則遠害今而廢之是不免於斯役而無以離于禍患也何以異於
織績而食中道廢而不為寧能衣其夫子而長不為竊盜則為虜役矣孟子懼旦夕勤學不息師事子思遂成天下之名儒
於脩德不為竊盜則為虜役矣孟子懼旦夕勤學不息師事子思遂成天下之名儒
千古之亞聖君子謂孟母知為人母之道矣詩云彼姝者子何以告之此之謂也嘗
乾隆二十八年歲次昭陽協洽暮月既濟生畫於西子湖頭讀畫樓芷岡

▶ 清·康涛《孟母断机教子图》

二 周游列国，难被重用

战国时期，各个诸侯国间战争不断。身为一位有远大抱负的思想家，孟子继承了孔子的仁政学说，希望可以将儒家的治国理念推行于天下，从而早日结束各国之间的战争，让老百姓可以过上和平安定的日子。为推行自己的政治理念，孟子带着自己的学生出游各国。

孟子首先到了齐国，他苦口婆心地劝说齐威王实行仁政，善待百姓。但在那个弱肉强食的战乱年代，齐威王更倾向于采用能很快给他带来利益的武力手段，孟子的"仁者无敌"的思想很难被齐威王接受。因此，孟子在齐国过得很不愉快，连齐威王赠送给他的黄金都没有接受，就和学生匆匆离开了齐国。

约公元前 329 年，孟子来到了宋国。当时，滕（téng）文公还没有成为滕国的国君，他去楚国时经过宋国，在这里遇到了孟子。孟子对滕文公说："你以后如果善待你的臣民，你就会成为像尧、舜那样的明君。"滕文公从楚国回来，又再次在宋国见到孟子，孟子说："您对我的话还有怀疑吗？其实道理就这一个——施行仁政的人是天下无敌的啊！"

滕文公即位后，曾两次派使臣到邹国向孟子请教。在滕文公的盛情邀请之下，孟子到了滕国。

滕文公恭敬地向孟子求教治理国家的事情。孟子严肃地对滕文公说："治理国家并不难！只要使百姓有稳定的收入，生活得到保障，

亞聖孟子

孟子名軻字子輿一字子車魯公族孟孫之後世居於
鄒故為鄒人父激公宜娶仉氏而生孟子受業於子思
于年七十四卒於家葬於鄒縣東三十里四基山之西麓
宋神宗元豐六年追封鄒國公嘉靖九年改稱亞聖
孟子

▲孟子像　清·无名氏《历代帝王圣贤名臣大儒像》

然后在思想上对百姓进行教导，整个国家自然会秩序井然、民风淳朴、繁荣富强。"

孟子虽然嘴上这样劝说滕文公，但他对当时的局势看得很清楚，滕国只不过是一个方圆不到五十里的小国，夹在齐国和楚国两个大国之间，随时都有被吞并的危险。在这样一个朝不保夕的小国，他觉得很难实现自己的政治主张。后来，孟子还是离开了滕国。

三　游说惠王，离魏赴齐

公元前320年，孟子来到了魏国。这一年，孟子已经五十三岁了。

梁惠王听说孟子来了，亲自到城郊迎接，用接待贵宾的礼节招待孟子。

第二天，梁惠王再次见到孟子，问道："先生，您不远千里来到魏国，真是辛苦您了！我十分想知道，您能给我的国家带来什么好处呀？"

孟子很反感一国之君把利益挂在嘴边，他对梁惠王说："为什么一定要只谈利益呢，除了利益还有仁义啊！"

当时，魏国在与周边国家的几次战争中都失败了，梁惠王对孟子说："魏国曾经是一个实力强大的国家，这您是知道的。可是到了我治理的时候，在东边，我们被齐国打败了，连我的大儿子都战死了；在西边，秦国占领了我们七百里的土地；在南边，我们又受到来自楚国的侮辱。我感到非常羞耻，请先生告诉我要怎样做才行呢？"

魏国虽然打了几场败仗，但仍是大国，孟子认为千载难逢的游说机会到了。他坐直了身子，对梁惠王说："我认为，您如果能对魏国百姓施行仁政，善待他们，鼓励他们耕作，让他们在家侍奉父母兄长、出门尊敬长辈上级，这样的话，就算让您的臣民拿着木头制作的武器，也可以打败那些拥有坚实盔甲和锐利刀枪的秦国、楚国的军队了。在我看来，施行仁政的人在天下是无敌的，请大王不要再疑虑了！"

梁惠王向孟子询问的是向大国复仇的具体办法，但孟子回答的却是这些大道理，他的这番言论自然得不到梁惠王的重视。此后梁惠王虽然仍对孟子以礼相待，但却很少再与孟子谈论国事了。

第二年，梁惠王去世，他的儿子梁襄王即位。孟子对梁襄王的印象很不好，觉得他没有一国之君的气度，便想要找机会离开魏国。况且此时，齐国的齐威王已死，齐宣王即位，孟子觉得新的国君即位，也许是个推行自己的政治主张的好机会，便离开魏国来到了齐国。

公元前318年，孟子再次来到齐国，受到了齐宣王的隆重接待。齐宣王想效法齐桓公、晋文公这样的霸主建立自己的一番事业，但孟子仍在推行仁政，孟子认为只有百姓的生活富裕了，国家统治才能够稳固。

孟子本来打算依靠齐宣王来推行他的政治主张，但齐宣王只把他当作一位德高望重的学者来对待，并不想采用他的建议。孟子意识到这一点后，便准备离开。

齐宣王听说后，派人告诉孟子："先生，我可以给您提供住所、学堂和钱财，希望您可以留在齐国办学。"可孟子此时已经明白，自己的政治主张不可能在齐国实现了，就没有再接受齐宣王给出的优厚待遇，之后他就离开了齐国。

四　再游宋鲁，著书立说

孟子离开齐国后，又去了宋国。

孟子有个叫万章的学生私下问他："老师，宋国毕竟只是一个小国，如果推行仁政，可能会招来齐、楚两国的厌恶，到时候两国如想要讨伐宋国，我们该怎么办呢？"

孟子义正词严地说："当年商汤和周武王推行仁政，他们诛杀暴君，把百姓从水深火热中拯救出来，因此得到了天下人的爱戴。由此可见，百姓都希望由推行仁政的人来统治天下。如果宋国的国君推行仁政，他一定会受到天下人的拥护，就算齐、楚两国再强大，又有什么好害怕的呢？"可惜的是，孟子的这些言论仍没有被崇尚武力的宋国国君所采纳。

孟子后来又来到了鲁国。此时，恰逢鲁平公要重用孟子的弟子乐正子。当鲁平公要去拜访孟子的时候，鲁平公宠臣臧（zāng）仓说了孟子的坏话，使得鲁平公又改变主意，拒绝了和孟子的见面。

乐正子把这件事情的经过告诉孟子，孟子感慨地说："我与鲁侯不能见面，这实在是天意啊！只凭臧仓这个人又怎能让我见不到鲁侯呢？"孟子的意思是说鲁平公本来就不是很想见他。这时，孟子已经六十多岁了，经历了种种不顺之后，决定回到老家邹国安度晚年。

回到故乡后，孟子将主要精力都放在教书育人上，他非常热爱教育事业，曾说过："能把天下的人才都聚到一起并教育他们，实在是一件最让人快乐的事了！"

闲暇之余，孟子还与弟子万章等人对《诗经》《尚书》等儒家典籍加以整理，并结合自己及众弟子的观点，最终写成了《孟子》一书，共十一篇。但经历两千余年的岁月，其中只有七篇十四卷流传了下来，分别是：《梁惠王》上、下；《公孙丑》上、下；《滕文公》上、下；《离娄》上、下；《万章》上、下；《告子》上、下；《尽心》上、下。

虽然后人常将孟子与孔子联系在一起，但孔子要比孟子早出生约一百八十年。孟子一生的经历和孔子颇为相似，他也如孔子一样长期过着讲学的生活，中年以后怀着政治抱负，带着学生周游列国。他们虽受到多个国家的礼遇，但遗憾的是，在那个动荡的年代，他们的政治理念是注定不可能实现的，但他们依然坚持为自己的人生信念奔波，不辞劳苦，实在让人敬佩。

原典精选

孟轲，驺人也。受业^①子思之门人。道既通，游事^②齐宣王，宣王不能用。适^③梁，梁惠王不果所言，则见以为迂远^④而阔于事情^⑤。当是之时，秦用商君，富国强兵；楚、魏用吴起，战胜弱敌；齐威王、宣王用孙子、田忌之徒，而诸侯东面朝齐。

——《史记·孟子荀卿列传》

【注释】

①受业：追随老师接受学业。

②游事：游说。

③适：到、去。

④迂（yū）远：迂，指曲折，绕远，在此指言行或见解陈旧不合时宜。

⑤阔于事情：远离实际。

【译文】

孟轲，是邹国人。他曾跟着子思（孔子的嫡孙）的弟子学习。在通晓儒家学说之后，便去游说齐宣王，但齐宣王没有任用他。于是，孟子到了梁国，梁惠王不但不采纳他的主张，反而认为他的主张不切实情、远离实际。当时，各个诸侯国都在实行变革，秦国任用商鞅，使国家富足，兵力强大；楚国、魏国也都任用吴起战胜了一些国家，削弱了强大的敌人；齐威王和齐宣王任用孙子和田忌等人，国力强盛，使各诸侯国都向东来到齐国朝拜。

知识拓展

孟母三迁：汉代文学家赵岐的《孟子题辞》有一句："孟子生有淑质，凤丧其父，幼被慈母三迁之教。"后人从这句话中提炼出了"孟母三迁"这个成语。值得说明的是，"孟母三迁"中的"三"不是"三次"的意思，应该作为"多次"来理解。"孟母三迁"一词本来指孟轲的母亲为选择良好的环境教育孩子，多次迁居。后形容教子有方，也表示人应该要接近好的人、事、物，才能养成好的习惯。

例句：都说近朱者赤、近墨者黑，古有孟母三迁，我们为什么就不能给孩子换个学习环境呢？

一直以来，民间流传着"七十三、八十四，阎王不接自己去"的俗语。这一说法与孔子和孟子有关系。

孔子在七十三岁那年去世，孟子在八十四岁那年去世。在中国古代，医疗水平比较低，他们二人算是非常长寿的了。所以，中国的老人们觉得自己能够活到孔子、孟子这样的大圣人去世的年岁也就很知足了。

第三章 忠君爱国 壮志未酬——屈原

屈原（约公元前340—前278年），名平，字原，战国时期楚国诗人、政治家。屈原早年曾受到楚怀王的重用，精忠报国，但后来楚怀王听信奸臣，疏远了屈原，楚顷襄王继位后，屈原第二次被流放。秦国攻破楚国的国都后，心如死灰的屈原跳江而死。屈原是我国历史上有记载的第一位伟大的爱国诗人，他的爱国之情被世代称颂。

一 博闻强识，始被重用

屈原出生于楚国的丹阳（今湖北宜昌），他和楚国的王室同姓，是楚武王熊通的儿子屈瑕（xiá）的后代。

屈原虽出身贵族，但他家风淳厚，完全没有当时一些贵族的不良喜好。屈原从小就跟普通民众接触，十分同情贫苦百姓。在很小的时候，他就做了许多关心、帮助百姓的好事，获得了大家的一致赞赏。

公元前 319 年，胸怀大志的屈原调到楚国都城做官。不久，就被提拔为左徒（周朝楚国特有的官名，常参议国事、发布号令、接待宾客），同年，又代表楚国出使了齐国。

屈原不仅懂得治理国家的道理，而且对外交往来、待人接物的礼仪制度也非常熟悉，再加上他学识渊博、文采出众，很快就赢得了楚怀王的信任与重用。楚怀王经常在朝堂上和屈原讨论国家大事，并让他负责接待外来使节，处理与各诸侯国之间的外交事务。

为使楚国更加富强，屈原开始对内进行改革，制订并强制实施了各种法令；对外结盟，和其他几个国家相约一致抗秦。楚国逐渐出现国富民强的局面。然而，屈原的改革影响到了楚国大贵族的利益，引起了他们的仇视。

乙酉午日王凡写

▶ 清·陈撰《屈原图》

▲北宋·张敦礼《九歌图》

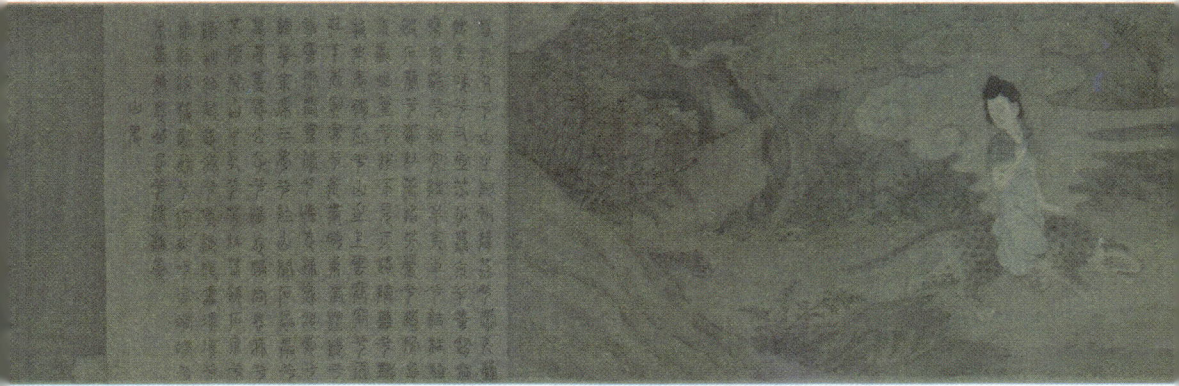

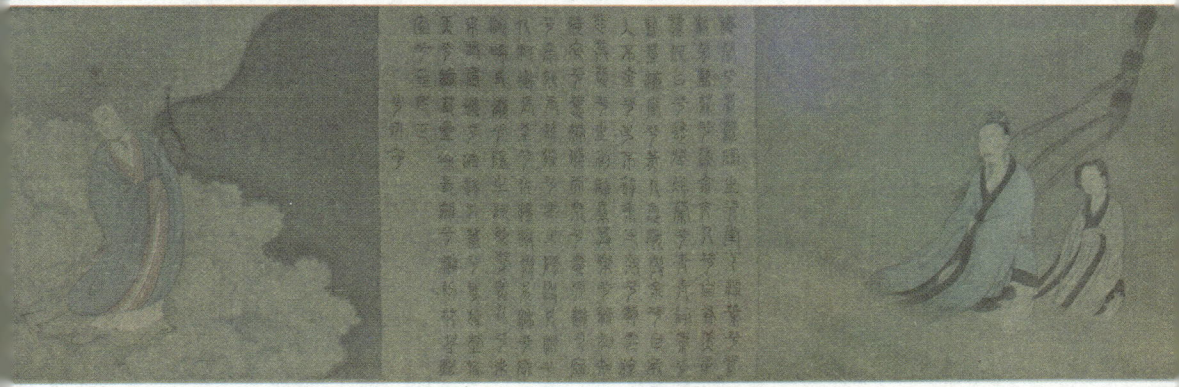

画卷根据屈原的《九歌》所作，每幅图画后，都有以篆书书写的《九歌》原文

二 奸臣挑拨,怀王疏远

上官大夫很嫉妒屈原的才能,他为了能得到楚怀王的信任,费尽心机。

有一次,楚怀王命屈原制订国家法令,屈原刚写完草稿,还没最后修订,就被上官大夫看到了。上官大夫见到草稿之后想据为己有,但屈原不肯给他,他就和楚怀王说屈原的坏话:"大王,您让屈原制订法令,朝廷上下的人都知道这件事。但每颁布一条法令,屈原就夸耀这是他的功劳,说除了他之外,谁也做不到。"楚怀王听信了上官大夫的谗(chán)言(意为挑拨的话),非常生气,渐渐地疏远了屈原,后来竟把屈原流放了。

屈原对楚怀王听信小人谗言而不能分辨是非的事,感到十分痛心。他内心忧愁苦闷,并在这种心情下写成了文学名篇《离骚》。

屈原坚持公平和正义,为人正直。他对君王一片忠心,用尽自己的才华和智谋,但却因为小人的挑拨离间,处境变得非常困难。为了国家而被君王怀疑,忠心侍奉君王而被小人指责,怎么会没有悲伤、气愤的情感呢?屈原创作《离骚》,正是为了抒发内心的这种悲伤和气愤。

三 张仪欺楚，怀王身死

屈原被楚怀王流放之后，秦国想发兵攻打齐国。可是齐国与楚国有盟约，秦惠王对此很担忧，害怕受到来自齐国和楚国两个国家的合力抵抗。于是，秦惠王就派张仪（战国时期著名的纵横家、外交家和谋略家）假装离开秦国，带着丰厚的礼品来到楚国表示臣服，说："秦国非常痛恨齐国，如果楚国能和齐国断绝交往，那么秦国愿意献出六百里的土地。"

楚怀王贪图秦国许诺的六百里土地，就立即宣布撕毁和齐国的盟约，断绝和齐国的关系，并派使者到秦国接受土地。

奸计得逞的张仪却对使者装傻说："我和楚王约定的是六里，没听说过什么六百里啊。"

楚国使者非常生气，回到楚国把这事告诉了楚怀王。楚怀王勃然大怒，决定大规模发兵攻打秦国。秦国也派军队迎击，在丹水、淅水一带击败了楚国军队，并斩杀八万人，俘虏了楚将屈匄（gài），接着又攻取了楚国的汉中一带。

随后，楚怀王动员全国的军队攻打秦国，两军在蓝田展开大战。魏国得知此事后，派兵偷袭楚国。楚怀王害怕魏国军队会占领楚国更多的地方，不得不从秦国撤军。而齐国很痛恨楚怀王背弃盟约，不愿意派兵援助楚国，楚国的处境变得非常艰难。

　　秦国和楚国的战争给秦国也带来了非常不好的影响，国内百姓都渴望早日结束战争，重归和平。第二年，秦国想要和楚国讲和，并提出将汉中一带的土地退还给楚国，但楚怀王说："我不希望得到土地，只想得到张仪。"

　　张仪听到这话后说："如果牺牲我一个张仪，就能使秦国不用割让汉中这片土地给楚国的话，请大王答应我去楚国。"

　　张仪到楚国之后，先给楚国掌握大权的大臣靳（jìn）尚送上了丰厚的礼物，并用花言巧语欺骗楚怀王的宠姬郑袖。在靳尚和郑袖等人的劝说下，楚怀王竟然把自己痛恨的张仪放跑了。

　　这时，屈原已被楚怀王疏远，不再担任重要的官职，被安排出使齐国。屈原从齐国回来之后，问楚怀王："大王，您为什么不杀了张仪呢？"楚怀王听到后很后悔，派人追赶张仪，但早已经来不及了。之后，各诸侯国联合攻打楚国，大败楚军，杀死了楚国的大将。

　　当时，秦昭王和楚国结为姻（yīn）亲，表示想和楚怀王见见面，因此楚怀王打算前往秦国。屈原劝说楚怀王："秦国是虎狼一般贪婪和残暴的国家，是绝对不能信任的，还是不去为好。"

　　后来，楚怀王还是去了秦国，但他刚一进武关，秦国埋伏的士兵就切断了他的退路，把他扣留了，为的是让他答应割让土地给秦国。楚怀王非常生气，不肯答应。楚怀王先是逃到了赵国，但赵国害怕惹怒秦国，不肯接纳他。再后来，楚怀王又被捉回秦国。最终，楚怀王死在了秦国。

四 唯我独醒，跳江明志

楚怀王死后，他的大儿子楚顷襄王即位，并任命他的弟弟子兰为令尹。

由于当初是子兰劝说楚怀王去秦国的，楚国人都把楚怀王之死的责任归罪于子兰。

屈原在文章中写道：楚怀王不能分辨忠奸，在国内疏远自己而信任上官大夫和令尹子兰，被郑袖迷惑；在国外又被张仪欺骗。结果，楚国的军队惨败，失去了六郡的土地，楚怀王不仅流落他乡，还死在秦国，被天下人所耻笑。

子兰见到屈原文章后勃然大怒，让上官大夫去向楚顷襄王说屈原的坏话。楚顷襄王听说屈原这样议论他父亲楚怀王的死，一生气就把屈原流放到更偏远的地方去了。

一天，屈原来到江边。他披头散发，一边走还一边难过地叹气，脸色十分憔悴。

一位渔翁看到他，问道："您不就是三闾大夫（战国时楚国特设的官职，主持宗庙祭祀，兼管贵族屈、景、昭三大氏子弟教育）吗？为什么会到这里来呢？"

屈原说："全世界的人都是污浊的，而只有我是干净的，大家都在昏沉中大醉，而只有我是清醒的，所以我才被驱逐出京城了。"

渔翁说："先生啊，我们都知道您是楚国的大忠臣，您为何不像别人一样随波逐流，过平常日子啊？"

屈原气愤地说："我一生清清白白，行为端正，对君王更是一片忠心，因为小人挑拨离间，才沦落到这个地步！如果让我向这污浊的世界屈服，还不如跳入这江水之中，被这江中的鱼吃了呢！"说完这话，屈原纵身跳入汨（mì）罗江，沉江而死。

屈原的悲剧是我国古代文人的一个缩影，他们的命运与统治者是否英明紧密相连。当他们遇到一个贤明的君主时，他们的抱负便可以得到施展，成就一段佳话；但当他们遇到一个昏庸的君主时，他们的理想便很难得以实现。屈原死后，楚国虽然还有宋玉、唐勒、景差这些有才华的人，但他们都不能像屈原那样敢于向君王劝谏。此后，楚国一天比一天弱小，几十年之后被秦国彻底消灭了。

▲傅抱石《屈原图》

原典精选

屈平既绌①，其后秦欲伐齐，齐与楚从亲②，惠王患③之，乃令张仪详④去秦，厚币委质事⑤楚，曰："秦甚憎齐，齐与楚从亲，楚诚能绝齐，秦愿献商、於之地六百里。"楚怀王贪而信张仪，遂绝齐，使使⑥如秦受地。

——《史记·屈原贾生列传》

【注释】

①绌（chù）：通"黜"，罢免、革除的意思。

②从亲：从通"纵"，合纵，本指苏秦游说六国诸侯联合抗秦的联盟战略。秦国在西方，六国在东方并呈南北方向分布，故称合纵。亲，亲近。

③患：害怕，担忧。

④详（yáng）：通"佯"，假装。

⑤厚币：丰厚的礼品；委质：呈献礼物，表示忠诚；事：侍奉、供奉的意思。

⑥使使：派遣使者。

【译文】

屈原被贬官之后，秦国准备发兵攻打齐国，可是齐国与楚国之间结成合纵联盟互相亲善。秦惠王对此很是担忧，于是就派张仪假装离开秦国，带着丰厚的礼品来到楚国表示臣服，张仪说："秦国非常痛恨齐国，但齐国和楚国有合纵的盟约，若是楚国能和齐国断绝交往，那么秦国愿意献出商、於的六百里土地给楚王。"楚怀王贪图得到土地而相信了张仪，于是和齐国断绝了关系，并派使者到秦国接受土地。

知识拓展

随波逐流：随着波浪起伏，跟着流水漂荡。比喻没有坚定的立场，没有个人的主见，盲目地随着别人行动。

例句：无论做什么事情，如果随波逐流，那么就不可能有一个好结果。

农历五月初五端午节是我国夏季最重要的民间传统节日。早在周朝时，就有"五月五日，蓄兰而沐（在佩兰浸泡的水中沐浴）"的习俗，而我们现在的端午节的众多活动都与纪念屈原有关。

据说，屈原跳江而死的那天正是农历五月初五。江上的渔夫和岸上的百姓听说屈原投江自尽后，相约来到江边。人们奋力打捞屈原的尸体，并纷纷拿出家中的粽子、鸡蛋投入江中，认为鱼吃了这些食物就不会去吞咬屈原的身体。

此外，有人把雄黄酒倒入江中，说这样做能用药昏倒水中的水兽，使屈原的身体免受伤害。后来，每年五月初五这天，人们都会到江上划龙舟、投粽子、喝雄黄酒，以此来纪念屈原。端午节的风俗就这样流传了下来。

第四章 博采众长 一代名儒——董仲舒

董仲舒（公元前179—前104年），西汉时期广川郡人，著名的思想家、政治家、教育家。董仲舒自幼勤奋好学，他所提出的『罢黜百家，独尊儒术』等主张被汉武帝采纳，并被之后的统治者沿用。儒学自此成为中国封建王朝的正统思想，并极大地影响了中国社会的思想发展。

一 目不窥园，专心治学

董仲舒从小酷爱读书，他的书房邻近花园，十分幽静。他每天清早一起床，就去书房捧起书本。如果没有仆人提醒，他会把吃饭、换洗衣服这些事都忘记了。

一天，董仲舒走出书房，偶然瞟了一眼种在书房旁边的杏树，惊讶地倒退了三步，吃惊地对仆人说："好奇怪呀！我记得这棵杏树刚栽下不久，怎么就开花结果了呢？"

仆人回答说："这棵杏树已经栽下三年多了，俗话说，桃三、杏四、梨五年嘛！今年正是杏树应该开花结果的时候了。"

董仲舒听后，猛然记起来，这棵杏树还是几年前自己亲手种下的。

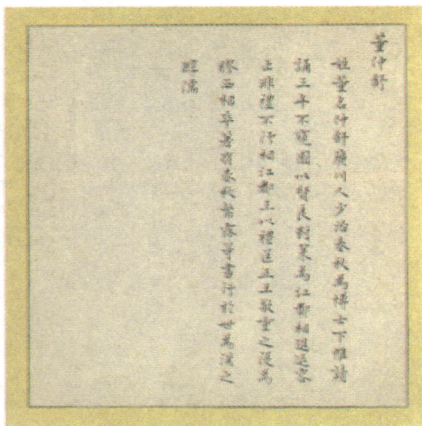

▲董仲舒像 清·无名氏《历代帝王圣贤名臣大儒像》

三年来，董仲舒夜以继日地读书，竟然都没有察觉到杏树已经长大了，可见他钻研学问时的认真程度。

正是凭借这股勤奋好学的精神，长大后的董仲舒学问越来越大，他不仅精通"五经"（《诗经》《尚书》《周易》《礼记》《春秋》），还对儒、法、道、墨各家学说都有研究，二十三岁就被汉景帝任命为博士。

三十岁时，董仲舒就成了远近闻名的儒学大师。他招收了很多学生，但慕名前来的学生太多，他实在没办法做到一一传授，于是便采取让先入学的优秀弟子给后入学的弟子上课的办法。就这样，通过讲学授课，董仲舒培养了一批优秀人才。

二 罢黜百家，天人感应

汉武帝刘彻当了皇帝后，为选拔人才，于公元前 134 年向全国下达诏令，命令朝廷大臣和各地诸侯王、各郡的太守推举品德高尚且有才干的人。诏书下达后不久，各地送来了一百多个有才学的读书人。汉武帝亲自组织考试，从中挑选了最为优秀的十多个人，其中，最让汉武帝赞赏的是董仲舒。他经常向董仲舒请教治理国家的办法。

董仲舒曾向汉武帝呈上过三篇文章，这三篇文章都是论述上天和人的关系的，被称为《天人三策》，又称《举贤良对策》。董仲舒在文章中指出：孔子的学说应是唯一的正统思想，凡是与儒家经典、与孔子的思想无关甚至相违背的各种观念，都应该被禁止，断绝它们发展的空间。这种在思想文化上实行统一的主张非常有助于维护汉武帝的统治，于是汉武帝欣然采纳了董仲舒"罢黜百家，独尊儒术"的建议，下令将《易经》《尚书》《诗经》《礼记》《春秋》这五部儒家著作奉为经典，统称为"五经"，并在国家最高学府太学设"五经博士"。从此，儒家思想成为我国封建社会的正统思想。从当时的情形来看，董仲舒的观点大大维护了中央集权统治，为当时社会政治的稳定作出了很大的贡献。

除了"罢黜百家，独尊儒术"的主张外，董仲舒还提出了"天人感应"（指天意和人事是能够相互感知的，天能影响人的行为，预示福祸，人的行为也能感应上天）的主张。他认为自然界和人世间的事都是受制于上天的，上天是万物的主宰，皇帝的权力是上天所授予的，皇帝是代表上天来统治万民的。谁反对皇帝，谁就是反对上天，就是大逆不道。这种思想把皇帝的权力神化了，当然深受皇帝的欢迎。

三　两为国相，急流勇退

董仲舒为人廉洁正直，很看不起丞相公孙弘，认为他是一个爱拍马屁的小人，这引起了公孙弘的憎恨。公孙弘的才能虽比不上董仲舒，但是他做事善于迎合皇帝的心意，因此身居高位，做了公卿大臣。公元前 124 年，公孙弘向汉武帝推荐董仲舒担任胶西王刘端的国相，汉武帝准许了。

　　胶西王刘端是汉景帝的第八个儿子，是汉武帝刘彻同父异母的哥哥。刘端为人凶残蛮横，过去不少做过他国相的人或者被杀掉、或者被毒死，都没有好下场。董仲舒做胶西王刘端的国相无异于羊入虎口，凶多吉少。公孙弘推荐董仲舒，不过是想借他人之手杀掉董仲舒，但胶西王刘端听说董仲舒是首屈一指的儒学大师，有让人崇敬的美德，竟对董仲舒以礼相待。可是，董仲舒一直提心吊胆、小心谨慎，唯恐做官久了会惹祸上身。公元前121年，董仲舒以年老有病为由，辞去官职回到家中。从此以后，董仲舒就不再做官了。

　　董仲舒辞官以后，只知埋头读书和著书，不再过问朝政，但朝廷每当有大事，还常派使者到董仲舒的家中询问他的意见。公元前104年，董仲舒在家中去世，享年约七十五岁，葬在长安西郊。有一次，汉武帝经过董仲舒的墓地，为了表彰和纪念董仲舒对汉王朝的巨大贡献，特意下马，以示敬重。由此，董仲舒的墓地又被称为"下马陵"。

　　董仲舒的一生经历了西汉王朝的极盛时期，他在前人的基础上，进一步发展和诠释了儒学思想，他所提出的一系列思想主张适应了西汉初期统治的需求，加强了封建统治，并促进了社会经济的发展，对当时及后世均产生了深远的影响。自董仲舒之后，儒家学说在中国更加根深蒂固。但辩证地看，董仲舒的思想主张也在一定程度上压抑了人性，不利于人的全面发展。

原典精选

董仲舒，广川人也。以治^①《春秋》，孝景时为博士^②。下帷^③讲诵，弟子传以久次相受业，或莫见其面，盖三年董仲舒不观于舍园，其精如此。进退容止^④，非礼不行，学士皆师尊^⑤之。今上即位，为江都相。

——《史记·儒林列传》

【注释】

①治：研究。

②博士：汉时官职，专门向太学生教授五经。

③下帷：放下室内悬挂的帷幕，指在家教书。

④容止：动静举止，威仪。

⑤师尊：师，学习；尊，尊重。

【译文】

董仲舒，是广川郡人。因研究《春秋》，孝景帝时担任博士一职。他居家教书，上门求学的人很多，不能一一亲授，弟子之间便依入学的先后辗转相传，有的学生甚至从没见过他的面。董仲舒足不出户，三年间不曾到屋旁的园圃观赏，他治学时专一到了如此程度。他出入时的仪容举止，无一不合乎礼仪的矩度，学生们都向他学习，对他很敬重。当今皇上即位后，他出任江都国相。

知识拓展

目不窥园：窥，偷看的意思。形容专心致志，埋头苦读，不为外事分心。

例句：为了考上重点中学，李强目不窥园，专心读书，三年间没有丝毫放松。

董仲舒所提出的"天人感应""罢黜百家，独尊儒术"及"三纲五常"等观点无论对当时还是对后来的社会均产生了特别大的影响。但凡事都有利弊，你觉得董仲舒的这些观念对我们的社会产生了怎样的负面影响呢？

第五章 琴胆文心 赋圣辞宗——司马相如

司马相如（约公元前179—前118年），字长卿，蜀郡成都人，西汉时的辞赋家，是中国文学史上的杰出代表，作品有《子虚赋》等，后人称他为『赋圣』和『辞宗』。司马相如除了在文学创作上取得巨大成就外，还曾出使汉王朝的西南地区，巩固了汉王朝对西南少数民族的统治，被称为『安边功臣』。

一 得遇知音，前往梁地

司马相如原本并不叫相如，因仰慕战国时著名政治家、外交家蔺相如的为人，他把自己的名字改为相如。

司马相如年少时喜欢读书，也爱好练剑，家里人花钱给他买了一个官职，他便成了汉景帝的武骑常侍。但这份工作并不是司马相如喜欢的，再加上汉景帝不喜欢辞赋，所以司马相如经常感叹难以遇到真正赏识他的人。

梁孝王刘武是一个十分爱惜人才的诸侯王，他建造梁园并招揽了天下很多人才，有不少人甚至辞掉官职来梁园。有一次，梁孝王刘武到京城朝见汉景帝，随行的有邹阳、枚乘、庄忌等口才极好且擅长游说的文人。司马相如与这些人一见如故，在一起畅谈时总感觉有说不完的话。后来，司马相如干脆就以生病为由辞掉了官职，前往梁地投奔了梁孝王。

梁孝王让司马相如与这些读书人一同居住，司马相如便与这些志趣相投的人共同相处了好几年。平日里，他们一起唱歌写赋，日子过得非常快活。在此期间，司马相如还为梁孝王写下了那篇著名的《子虚赋》。

▲清·袁江《梁园飞雪图》

二　琴会文君，二人私奔

公元前 144 年，梁孝王去世后，司马相如返回成都。此时司马相如的家境非常贫寒，他又没有可以维持自己生活的工作，所以日子过得十分困难。司马相如有一个好朋友，名叫王吉，此时是临邛（qióng）县令，当他得知司马相如的情况后，就主动邀请司马相如来临邛县散心。

于是，司马相如前往临邛，暂时居住在城内的一间客栈中。王吉想借机抬高司马相如的地位，于是每天都装作非常恭敬的样子去拜访司马相如。刚开始，司马相如还是以礼相待。后来，他就谎称自己生病了，闭门不见王吉，并让随从去拒绝王吉的拜访。这样一做，王吉却故意表现得对司马相如更加恭敬，即使被拒绝，他也天天去拜访司马相如。不久，大家就很好奇这位神秘贵客，究竟是谁呢？

临邛县里有很多富人，其中最为富裕的就是卓王孙家和程郑家，相传卓王孙家的家奴就有八百人，程郑家也毫不逊色。他们两家听说县令经常去拜访客栈中的贵客后，便商量着一起置办酒席，宴请县令和这位神秘的贵客。

当县令王吉到了卓家后，卓家的客人已经到了上百人。到了中午，王吉派人去请司马相如，司马相如却推托有病，不肯前来。王吉见司马相如还没来，就亲自前去迎接他。司马相如没办法，只好来到卓家，满座的客人没有不惊叹和羡慕他的风采的。

宴会进行到高潮时，王吉走上前去，将一把制作精美的琴呈在司马相如面前，说："我听说您特别喜欢弹琴，希望能有幸听您弹奏一曲，以助酒兴。"司马相如推让一番，但无奈王吉盛情相邀，便弹奏了一两支曲子。

卓王孙有个女儿叫卓文君，不仅长相出众，还精通音律且有文采。卓文君本已许配给一位皇孙，不料还没来得及成婚，皇孙便离世了。因久仰司马相如文采，卓文君便从屏风外偷偷地看他。司马相如看到屏风后面有一个妙龄女子在偷看他，便又弹奏了一曲《凤求凰》，他一边弹奏，一边高歌："凤啊，凤啊，回到了故乡，在四海各地遨游寻求属于他的凰（凤凰中雄为凤，雌为凰）……有一位美丽的姑娘在她的闺房中，她的闺房明明很近，可是人却仿佛离我很远啊，这真让我肝肠寸断啊"。

卓文君听出了司马相如在琴声中流露出的爱慕之情，不由得为他的气派、风度和才华所吸引，也被他大胆的告白而触动，她对司马相如也产生了爱慕之情。

宴会结束后，司马相如用钱财买通卓文君的侍女，请她转达自己对卓文君的倾慕之心。当天夜里，卓文君就收拾了些值钱的东西逃离家门，与早已等候在外的司马相如会合，并与司马相如私奔到了成都。卓王孙得知女儿跟人私奔后非常生气，断了她的钱财来源。

来到司马相如家后，卓文君发现屋内什么东西都没有，但她并没有嫌弃司马相如。可是一段时间后，贫困的生活渐渐使卓文君感到很不快

▲明·杜堇《听琴图》

乐，她对司马相如说："夫君，要不你同我一起回临邛吧，向兄弟们借些钱也完全可以维持生活，我们为何要让自己困苦到这个样子呢？"

司马相如就同卓文君回到了临邛。他们把车马全部卖掉后，买下了一家小酒馆，做着卖酒的小生意。卓王孙听说女儿和女婿在卖酒，感到很丢人，因此闭门不出。朋友们和长辈们纷纷劝说卓王孙，说："你有一个儿子两个女儿，家中所缺少的不是钱财。现在，卓文君已经成了司马相如的妻子，司马相如现在虽然贫穷，但他也是个人才，是一个可以依靠的人。况且，他又是县令的贵客，你怎么就这么看不上他呢！"

卓王孙万般无奈，只好承认了司马相如和女儿的婚姻，并给他们送去了几个奴仆和一大笔嫁妆。有了这一笔钱，卓文君就和司马相如又回到成都，买了田地和房屋，成了当地富有的人家。

三　作《上林赋》，武帝赏识

司马相如的同乡杨得意在朝中担任汉武帝的狗监（为汉武帝掌管猎狗的官）。有一天，汉武帝读了司马相如的《子虚赋》，非常惊喜，他以为是古人写的，于是颇为遗憾地说："唉！真可惜我没与这个作者生活在同一个时代。"

杨得意对汉武帝说："陛下，听说这篇文章是我的同乡司马相如写的。"汉武帝很惊喜，急忙召来司马相如询问。

司马相如说："陛下，这首赋确实是我所作，但这首赋写的只是

▲ 明·仇英《上林图卷》

诸侯王打猎的事情，实在不值得一看。请让我再写一篇天子打猎的赋吧，赋写成后再献给您。"汉武帝很高兴地答应了。于是，司马相如便创作了《上林赋》。《上林赋》比《子虚赋》更有文采、更有气势。司马相如把赋进献给汉武帝，皇帝看了后赞不绝口，立即任命司马相如为侍从郎。司马相如就凭借这两首赋成了汉武帝身边重要的大臣。

汉武帝建元六年（公元前 135 年），司马相如担任侍从郎已经有好几年了。正逢唐蒙收到皇帝的命令攻打夜郎国（汉时西南的一个小国家）及其西面的僰（bó）中等西南地方政权。

征战时，唐蒙在处理西南少数民族等问题上的做法过于严苛，他用战时法律杀了少数民族首领，引起了暴乱。汉武帝听说这种情况后，就马上让司马相如作为使者，前往西南少数民族地区进行安抚，告知巴蜀百姓，唐蒙的做法并不是皇帝本来的意思。

司马相如到达西南后，发布了一张《谕巴蜀檄》的公告，并采取恩威并施的手段，很快稳定了当地的民心，让西南地区的各少数民族首领重新归顺朝廷。

司马相如平定了西南暴乱后，回京报告汉武帝，汉武帝见司马相如如此快地平定了西南民变，对司马相如刮目相看，很快提拔他做中郎将这一官职。

可惜好景不长，有人向汉武帝上书，告发司马相如出使西南时接受了别人的财物，司马相如因此被罢免了官职。但一年多后，司马相如再次被朝廷起用，仍为郎官。

四　相如遗书，劝帝封禅

不久，司马相如因病辞官，回到茂陵家中。

汉武帝对人说："我听人说司马相如病得很厉害，应该派人去把他的书全部取回来收存宫中；不这样做的话，一旦司马相如病逝，他的书稿就散失了。"但可惜还是晚了一步，当他们去看司马相如时，司马相如已经逝去，家中也没有什么书稿。

来使询问司马相如的妻子，卓文君回答说："我的夫君本来就不曾留下书稿。虽然他经常写作，但他的朋友看到书稿后就取走了。不过夫君还没去世的时候，曾写过一卷书，他说如果朝廷派使者来取书，就把它献上。除此之外，再没有别的了。"

司马相如留下的遗书就是《封禅文》，他建议皇帝尽快封禅，来使将此书呈献给皇帝，汉武帝看后拍案叫绝，深感痛失一位人才。司马相如病逝八年之后，也就是元封元年（公元前 110 年），武帝正式举行封禅大典。

司马相如无论是在汉代，还是在之后的文学史上，均有着重要的地位。在整部《史记》中，司马迁只对司马相如、屈原等少数几个文学家立传。司马迁在《史记·司马相如列传》中还特意收录了司马相如的三篇赋和四篇散文，由此可见司马迁对司马相如的推崇与喜爱。

原典精选

　　相如口吃而善著书。常有消渴疾①。与卓氏婚，饶②于财。其进仕宦③，未尝肯与公卿国家之事。称病间居，不慕官爵。常④从上至长杨猎，是时天子方好自击熊、彘⑤，驰逐野兽，相如上疏谏之。

——《史记·司马相如列传》

【注释】

①消渴疾：中医学病名，症状为口渴、消瘦等。即现在的糖尿病。

②饶：增加，添加。

③进仕宦：做官。

④常：同"尝"，曾经的意思。

⑤彘（zhì）：本指大猪，后指一切猪，不分大小。

【译文】

　　司马相如口吃，但却善于写文章。他患有糖尿病。他同卓文君结婚后，变得很有钱。司马相如担任官职后，不愿意同公卿们一起商讨国家大事，而借病在家闲着，不追慕官爵。他曾经跟随皇上到长杨宫去打猎。那时，天子正喜欢亲自击杀熊和猪，驰马追逐野兽，相如进呈奏章加以劝谏。

知识拓展

家徒四壁：徒：只，仅仅。家里只有四面的墙壁。形容十分贫困，一无所有。

例句：这位学生家境贫寒，可以说是家徒四壁，但他凭着自己的努力，最后还是实现了大学梦。

什么是封禅？

封禅是中国古代帝王在泰山举行的一种祭祀天地的最高礼仪活动。史书上记载："泰山上筑土为坛以祭天，报天之功，故曰封。此泰山下小山上除地，报地之功，故曰禅。"由此可见，"封"和"禅"是不同的，"封"指的是在泰山上堆土为坛，在坛上祭祀天神，感谢上天；"禅"指的是在泰山之前的梁父、社首等小山上扫开一片净土，在净土上祭祀土神，感谢土地。

帝王登封泰山，被视为国家鼎盛的象征，皇帝的"真龙天子"身份也可得到天与地的确认。但不是每位皇帝都有勇气到泰山进行封禅的。因为，只有在国家统一、国泰民安、祥瑞出现的情况下，皇帝才有资格泰山封禅，否则，必将遭到言官阻挠，并且会在史书中留下骂名。

自秦至清，有明确记载的在泰山举行过封禅大典的皇帝一共只有

▲泰山

六个，分别是秦始皇嬴政、汉武帝刘彻、汉光武帝刘秀、唐高宗李治、唐玄宗李隆基以及宋真宗赵恒。宋真宗之后，帝王来泰山只是举行祭祀仪式，没有再进行过封禅仪式。

第六章 功成身退 泛舟五湖——范蠡

范蠡（约公元前536—约前448年），字少伯，春秋时期楚国宛人。著名的政治家、谋士和商人，因善于经商，被后人尊称为『商圣』。范蠡呕心沥血地辅佐越王勾践，帮助勾践消灭吴国，并能够明哲保身，急流勇退。离开政治旋涡后，范蠡几次通过经商致富，其传奇的一生被后人津津乐道。

一 弃楚奔越，吴越大战

范蠡（lí）虽出身贫贱，但博学多才。公元前517年，宛地的官员文种见到了范蠡，两人一见如故，很快成了朋友。六年后，范蠡厌恶楚国政治黑暗，便邀请文种和他一起来到越国，辅佐越王勾践。

公元前493年，越王勾践听说吴王夫差日夜操练兵马，想要攻打越国，十分害怕。勾践反复考虑后，决定在吴国攻打越国之前，先攻打吴国。范蠡听说了越王的计划后，对越王说："万万不可啊，大王！战争是一件劳民伤财的事情，主动发动战争更是不光彩，会被其他国家耻笑。如果您率先发动战争，一定会遭到上天的惩罚的！"

越王却对范蠡说："您不用再劝我了，我已经决定了。"

吴王听说越王带兵前来攻打吴国后，便带领全国身强力壮的士兵与越国军队交战。国力较弱的越国又哪里是吴国的对手呢，越国军队很快就吃了败仗。越王带着残存的五千人逃到了会稽（kuài jī），而吴王带领军队穷追不舍，把越王围困在会稽山。

越王悔恨不已，对范蠡说："当初我真不该不听先生的话啊，可现在我们该怎么办呢？"

范蠡回答说："大王，您现在只有放低自己的身份，带着厚重的礼物去请求吴王原谅，越国或许还有一线生机！"

越王只好派文种去向吴王求和。文种来到吴王的王宫后，跪在地

花蠡春秋時楚人仕於越佐越王
勾踐滅吳定霸功成身退乃浮海入
齊變姓名曰鴟夷子反善經營致
巨富一再分散貧弱人皆德之居於
陶自號陶朱公　　徐菊庵寫於淞寓

▶徐菊庵《范蠡像》

上，边向前行边叩头说："越王为能求得您的原谅，希望做您的奴仆侍候您。"

吴王听到越王都这样了，想要答应文种的请求。吴国的大臣伍子胥（xū）极力劝说吴王应该斩尽杀绝，不要留下后患。正当吴王犹豫之际，收取了越国财物的吴国大臣太宰伯嚭（pǐ）对吴王说："越王已经答应臣服于您，大王如果赦免了他，既能显出您的宽宏大度，又能得到越国给的好处，何乐而不为呢？"在太宰嚭的反复劝说下，吴王夫差不顾伍子胥的谏言，答应了越王的求和。

越王和范蠡等君臣在吴国当了三年奴仆之后，吴王最终还是赦免了越王。

二　君臣同心，恢复国力

公元前 490 年，越王勾践和范蠡等一众君臣离开吴国返回越国。

返回越国后，越王重用范蠡、文种等能臣，亲自耕种田地，与百姓一同劳作，越王的妻子也亲自织布。勾践每次吃饭不吃肉，穿的衣服也很朴素，恭敬地对待有贤能的人，给予投奔他的人丰厚的待遇，对生活贫困的百姓予以帮助，谁家有人去世了他会亲自去慰问。越王时刻提醒自己不要忘记在吴国受到的屈辱。

越王想让范蠡治理国政，范蠡却说："带兵打仗的事，文种不如我，但治理国家、安抚百姓，我不如文种。大王还是让文种帮助您治理国事吧！"于是，越王听从了范蠡的建议，将全国的政事都交由文种负责。

范蠡建议越王要积极鼓励农耕与养蚕，顺应四季变化，不随便使用民力。他认为只有经济逐渐恢复了，百姓生活富足了，社会才能够稳定。通过一系列的措施，越国百姓的生活安定了，国力也在逐渐强盛。

为了提高军事防御力量，范蠡还重建了都城。为了进一步迷惑吴王，范蠡又派人送给吴王大量奇珍异宝和美女，一是想讨吴王的欢心，二是想消磨吴王的斗志。与此同时，范蠡还重视军队训练，组织了敢死队，对加入敢死队的人重金奖励，增加了战斗力。越国就这样慢慢地壮大了。

三　助越灭吴，辞官归隐

越王复仇心切，在从吴国回到越国之后的第五年，就想要起兵攻打吴国。范蠡劝阻说："大王，现在还不是时候。"

两年后，越王君臣参见吴王，给吴王及其大臣都送去了礼物。此时，吴王已不信任伍子胥，伍子胥被迫自杀。越王对范蠡说："现在吴王身边唯一的忠臣伍子胥都已经被逼死了，吴国上下再也没有能对吴王说实话的人了，我们现在可以攻打吴国了吗？"

范蠡仍说："还不可以。"

又两年后，吴王带领国内所有的精壮士兵到北边去会见其他诸侯，国都内只留下了太子和一些老人、孩子。当越王再次询问范蠡是否可以攻打吴国时，范蠡说："大王，时机已到，这次可以出击了！"

经过前后约十年的战争，越国最终消灭了吴国，吴王自杀身亡。越国国力更加强盛，称霸诸侯。

在越王为大臣们论功行赏之时，对越王有着充分了解的范蠡深知越王不会与大家共享富贵，便决定辞官归隐。

离开之前，范蠡给好朋友文种写信说："当鸟儿被射杀完了，猎人就会把弓箭藏起来；当兔子都被捕获了，猎人就会把猎狗也杀了。越王这个人很阴险，心机又很深，我们能与他共患难，却不能和他一起分享富贵。文种，你还是和我一起离开吧！"

收到范蠡的信后，文种觉得范蠡的话很有道理，便向越王称病，决定不再上朝。此时，有人向越王进谗言说文种要造反，勾践有意借机铲除文种，便派人赐给文种一把剑，说："你当初给我出了七条对付吴国的策略，我只用了其中的三条便打败了吴国，剩下的四条策略还在你那里，你用这剩下的四条策略去地下为越国继续打败吴国吧！"文种听到这话，后悔自己当初没有像范蠡那样早点离开，叹息几声后便拔剑自杀了。

四 改名换姓，称陶朱公

范蠡离开越国后，先是乘坐小船来到了齐国。到齐国后，范蠡为了不让他人知道自己的过去，便改名叫鸱（chī）夷子皮（鸱夷子皮在古代指牛皮做的酒器，酒囊皮子的意思）。范蠡在齐国经商期间，因为名声太大，被齐王拜为齐相。范蠡明白事情兴盛到极点后就会衰落的道理，三年后，范蠡再次辞官，并把财产都送给了别人，全家搬到了宋国陶邑生活。

范蠡认为陶邑位居天下交通的中心位置，和各地诸侯国之间四通八达，货物运输十分便利，特别适合做生意。于是，他决定在这个地方置办家业。到了陶邑后，范蠡又改名叫朱公。

在陶邑，范蠡最初与家人做买卖牲畜的生意，之后他开始买卖货物，根据时间的差异买进卖出，赚了不少差价。短短几年，范蠡便又一次成了家财万贯的大富翁，人称"陶朱公"。后来，因为范蠡的儿子杀了人，范蠡不得已再次散尽家财，又开始了新的生活。

隐退后的十九年间，范蠡三次经商都赚到了很多钱，但生性豪爽、仗义疏财的他两次将钱分给那些贫穷的百姓和远房的兄弟。

晚年时，范蠡已经不能再亲自做生意，于是就将自己经营多年的生意交给了自己的子孙。公元前448年，范蠡去世，享年约八十八岁。

范蠡不仅是一位颇有建树的政治家，还是一位很有成就的商人。

无论过去还是现在，无论经商还是从政，人们都纷纷从范蠡身上汲取成功的经验。后人评价范蠡："忠以为国，智以保身，商以致富，成名天下。"这一评价概括了范蠡一生的主要特点。

▲明·吴彬《柳溪钓艇》
上题：一叶扁舟泛五湖，鸱夷妙策实吞吴。黄金铸像今何在，羡我重摸此画图。"鸱夷"，范蠡归隐后所用的姓氏

原典精选

昔①者越王勾践困于会稽之上，乃用范蠡、计然。计然曰："知斗则修备，时用则知物，二者形②则万货之情可得而观已。故岁在金，穰③；水，毁；木，饥；火，旱。旱则资舟，水则资车，物之理也。六岁穰，六岁旱，十二岁一大饥。夫粜④，二十病⑤农，九十病末。末病则财不出，农病则草不辟⑥矣。上不过八十，下不减三十，则农末俱利，平粜齐物，关市⑦不乏，治国之道也。"

——《史记·货殖列传》

【注释】

① 昔：从前。

② 形：比较。

③ 穰（ráng）：丰收。

④ 粜（tiào）：出售。与"粜"相对的字是"籴"（dí），从字形上就能看出，籴是买入的意思。

⑤ 病：损害，损伤。

⑥ 辟：开垦，开辟。

⑦ 关市：关口和市场。

【译文】

从前，越王勾践被围困在会稽山上，于是任用范蠡、计然。计然说："知道要打仗，就要做好准备；了解货物何时被人需要，才算懂得货物。善于将时机与需要二者相对照，那么就能看清各种货物的供需行情。所以，岁星在西方时，就会丰收；在北方时，就会歉收；在东方时，就会发生饥荒；在南方时，就会发生干旱。在干旱时，就要准备船只以防洪涝；在洪涝时，就要准备车具以防干旱，这样做才符合事物发展的规律。一般说来，六年一丰收，六年一干旱，十二年有一次大饥荒。出售粮食时，每斗价格二十钱的话，农民的利益会受损害；每斗价格九十钱的话，商人的利益要受损失。商人受损失了，钱财就不能流通到社会；农民受损害的话，田地就要荒芜。所以，粮价每斗价格最高不超过八十钱，最低不少于三十钱，这样的话，农民和商人都能获利。粮食按照正常的价格出售，并抑制、调整其他物品的价格，这样国家的税收和市场供应都不会缺乏，这就是治理国家的道理。"

知识拓展

熙熙攘攘：出自《史记·货殖列传》："天下熙熙，皆为利来；天下攘攘，皆为利往。"熙熙，和乐的样子；攘攘，纷乱的样子。形容人来人往，非常热闹拥挤。

例句：星期天的公园里，熙熙攘攘，车水马龙，人们喜笑颜开，真热闹呀！

分庭抗礼：出自《史记·货殖列传》："（子贡）所至，国君无不分庭与之抗礼。"庭，庭院；抗礼，平等行礼。原意指的是宾主相见，分别站庭院的两侧，相对行礼，以示恭敬。后来，这一成语的意思有所变化，现指平起平坐或相互对立。

例句：王辉从上家公司辞职后创办了自己的公司，生意越做越大，没过几年竟然与原来的公司分庭抗礼了。

南宋学者黄震称赞范蠡："春秋、战国近五百年，以功名始终者惟范蠡一人。"意思是说在我国春秋战国五百余年的历史中，能够做到功劳和名声始终如一的人只有范蠡。

但唐代的大文学家韩愈却对范蠡进行了负面评价："为人谋而不忠者，范蠡其近之矣。"意思是说，范蠡身为臣子为君主出谋划策，却做不到忠诚如一。在韩愈看来，身为臣子要精忠报国，而不应该在国家和君王还需要的时候，却抽身而退。

那么，你是怎么看待范蠡功成身退这件事呢？

第七章 燕市悲歌 易水犹寒——荆轲

荆轲（？—公元前227年），春秋时期齐国大夫庆封的后代，后来迁居到卫国，卫国人尊称他庆卿。在卫国时，他曾凭借着剑术游说卫元君，但卫元君没有任用他。后来，荆轲来到燕国，燕国人又尊称他荆卿。在燕国太子丹的请求下，荆轲和秦武阳西去秦国刺杀秦王，他们最终失败了，但荆轲刺秦的故事被后人传诵至今。

一 知己相逢，饮酒击筑

荆轲是一个文武双全的人，他不仅喜好读书，还热爱击剑，为人慷慨侠义，喜欢结交各地的贤士豪杰及德高望重的人。

荆轲到燕国以后，认识了擅长击筑（古代的一种乐器）的高渐离。荆轲特别喜欢饮酒，天天和高渐离在燕国的集市上喝酒。二人喝得似醉非醉以后，高渐离击筑，荆轲就和着节拍在街市上唱歌，相互娱乐，不一会儿又一起哭泣，完全不顾别人的目光。

公元前232年，在秦国做人质的燕太子丹逃回了燕国。太子丹在秦国做人质时，秦王对待燕太子不友好，这让太子丹倍感屈辱。因此，太子丹一直想报复秦王，但燕国是一个弱小的国家，并不具备向秦国复仇的能力。

当时，秦国陆续侵吞各国。战火将波及燕国，燕国君臣唯恐大祸临头。太子丹为此忧虑，便向他的老师鞠（jū）武请教。

鞠武对太子丹说："现在秦国的土地可以说遍及天下，威胁到韩国、魏国、赵国。秦国边关地势险要，国内富足，人口众多且士兵训练有素，武器装备绰绰有余。秦国早就做好了向外扩张的准备，看样子长城以南、易水以北没有安稳的地方了。"

太子丹说："既然如此，那么我们怎么办呢？"

鞠武回答："请让我再考虑考虑。"

二　田光刎颈，丹遇荆轲

不久后，秦国将领樊於（wū）期（jī）得罪了秦王，逃到了燕国，太子丹接纳了他，并让他在燕国住了下来。

鞠武惊恐地对太子丹说："殿下，不能这样做啊！秦王这个人本来脾气就不好，如果因为我们收留了樊将军，秦王将怒气转移到燕国的话，这该如何是好呢？希望您赶快将樊将军送到匈奴的地界上去，以消除秦国攻打我们的理由。再请您与西边的赵国、魏国和韩国结为同盟，向南联系齐国和楚国，向北与单于和好，这样我们就可以有办法对付秦国了。"

太子丹说："老师您的计划好是好，可是需要的时间太长了！我现在连片刻也等不及了。樊将军在穷途末路之时投奔了我，我总不能因为害怕强大的秦国而抛弃我所同情的朋友，希望老师您考虑别的办法。"

鞠武感到很无奈，但还是为太子丹推荐了有名的隐士田光。太子第一次见到田光时，上前迎接，不仅倒退着走为田光引路，还跪下来擦干净座位给田光让座，以示恭敬。田光坐稳后，太子见左右没别人，便离开自己的座位走到田光的身边，对田光说："先生啊，现在燕国与秦国势不两立，恳请先生您为我出谋划策。"

田光说："殿下，我年纪大了，精力不够了，不能再为您谋划国事，但我向您推荐我的好朋友荆轲，他能够承担这个使命。"

太子连连说好，他将田光送到门口，再三叮嘱田光："先生，我所讲的，您所说的，都是国家的大事，希望先生千万不要泄露！"

后来，田光对荆轲说："既然殿下告诫我不要泄露机密，那就表示他对我不信任了。如果一个人被别人怀疑，那就说明他的品行是有问题的。被殿下这样怀疑，我还有什么脸面活在这个世界上呢？"于是，田光拔剑自杀了。

荆轲对太子丹说了田光自杀的消息，并向他转达了田光的话。太子丹特别悲痛，非常后悔自己当初说的话。太子丹以头叩地对荆轲说："今天我能够来到您的面前，全是因为上天可怜弱小的燕国啊！燕国是北方的小国家，调动全国的兵力估计也不能够抵挡秦军。各个诸侯国也都非常害怕秦国，不敢联合起来抵抗秦国的进攻。先生，我有个不成熟的计策，那就是派一位勇士前往秦国，如果这位勇士能够劫持秦王，威胁他归还侵占各国的土地自然最好；如果做不到，就寻求机会杀死他！希望先生能认真考虑这件事。"

过了好一会儿，荆轲说："殿下，这是国家的大事，我的才能低下，恐怕不能担此重任。"

太子继续以头叩地，坚决请求荆轲不要再推托，荆轲这才答应了。

三　於期自刎，献己首级

　　过了很长一段时间，荆轲仍没有行动的意思。这时，秦将王翦已经攻破了赵国的都城，俘虏了赵王，把赵国的领土全部纳入秦国的版图。秦军向北挺进，已经快到燕国南部边界。太子丹非常害怕，对荆轲说："秦国军队马上就要渡过易水，攻打燕国了，到那时即便我想长久地侍奉在先生身边，怕也是没有机会了。"

　　荆轲说："殿下，就算您不来找我说这些话，我也要有所行动了。但我现在到秦国去，没有让秦王愿意接见我的东西，如果接近不了秦王，就完成不了刺杀计划。秦王现在悬赏黄金千斤、封邑万户想要得到樊将军的脑袋，如果我能得到樊将军的脑袋，再拿上燕国督亢（当时燕国境内富饶的地方）的地图进献给秦王，秦王一定会乐意接见我，这样我才能有机会报答您的知遇之恩。"

　　太子说："先生，樊将军到了走投无路的地步才来投奔我，我实在不忍心因为自己的私心而去伤害一位长者，还是请您考虑别的办法吧！"

　　荆轲知道太子不忍心，于是就私下会见樊於期，说："秦国对待将军可以说是太残酷绝情了，您的父母和其他家族成员都被杀害了。现在听说秦王用黄金千斤、封邑万户来悬赏将军您的头颅，您打算怎么办呢？"

　　樊於期仰天长叹，流着泪说："每当我想起这些事，我就非常悲痛，但我却想不出什么好办法来！"

荆轲说："现在我有一个办法既可以解除燕国的忧患，还能够为将军报仇雪恨，您想听一下吗？"

樊於期焦急地询问荆轲："是什么办法呢？"

荆轲说："将军，如果我将您的头颅献给秦王，那么秦王一定会很高兴地召见我。当秦王召见我的时候，我左手抓住他的衣袖，右手拿着匕首直刺他的胸膛。不仅将军的深仇大恨可以报了，燕国也可以洗刷长期被秦国欺负的耻辱，您以为如何呢？"

樊於期听完荆轲的话后，脱掉一边的衣袖，露出臂膀，一只手紧紧握住另一只手腕，走近荆轲说："先生，这些深仇大恨日夜堆积在我的心头，每当我想起这些，都会咬紧牙关，我的心快要因为这些仇恨腐烂了，我愿意用我的死成全先生的计谋！"说完，樊於期就拔剑自杀了。

太子丹听到樊於期自杀而亡的消息后，急忙驾驶马车前来，他趴在樊於期的尸体上痛哭。之后，太子丹还是派人把樊於期的头颅砍下，装到一个匣子里，并密封起来，为荆轲西去秦国刺杀秦王做准备。

四　易水西行，行刺秦王

太子丹花费重金从赵国买下了天下最锋利的匕首，让工匠用有毒的水淬炼它。太子丹准备行装，计划择日送荆轲出发。

▲清·吴历《人物故事图册》之《易水送别》

　　燕国有位勇士叫秦武阳，年轻时因为在集市上杀过人，被关在监狱里。太子丹觉得秦武阳是一个胆子很大的人，于是就赦免了他的罪过，选派他作为荆轲的副手，协助荆轲刺杀秦王。

　　荆轲在出发前一直等待一个人，打算和他一起出发，但是那个人住得很远，始终没有赶到。又过了些日子，荆轲还没有出发，太子怀疑荆轲后悔了，认为荆轲在故意拖延时间，就再次催问荆轲："时间已经不多了，先生还没有动身的打算吗？要不，我派遣秦武阳先行出发吧？"

　　荆轲听后很生气地说："殿下，您这样说是什么意思呢？只考虑去，而不考虑完成使命后回来的事，那是没有出息的小子才做的事！何况是拿一把匕首前去强大的秦国。我之所以暂时不出发，是因为我在等待一位朋友和我一块去秦国。既然您现在认为我在有意拖延时间，那么就允许我现在向您告辞出发吧！"于是，荆轲和秦武阳就出发了。

　　太子丹和知道这件事的宾客一起为荆轲一行送别。到了易水河边后，众人祭祀过路神后，荆轲就上路了。此时，高渐离击打着筑也来为荆轲送行。荆轲和着节拍唱歌，发出苍凉哀伤的声音，一边向前走一边唱道："风萧萧兮易水寒，壮士一去兮不复还！"

　　到了秦国后，荆轲贿赂了秦王宠幸的臣子。这个臣子在秦王面前说："燕王和太子丹害怕大王的威严，于是派人砍下樊於期的头颅并献上燕国督亢地区的地图，他们派出使臣想向大王详细汇报这件事情。"

　　秦王听到这个消息后非常高兴，于是在咸阳宫召见燕国的使者。

荆轲捧着樊於期的头颅，秦武阳捧着装有燕国督亢地区地图的匣子，两人进入秦王的宫殿。走到殿前台阶下时，秦武阳的脸色突然变了，害怕得全身发抖，秦国的大臣们都感到非常奇怪。

荆轲故作轻松地说："让大家见笑了。北方边远地区的粗人没有见过威严的天子，所以才害怕成这样。希望大王您不要怪罪他，让他能够完成使命。"

秦王对荆轲说："把秦武阳拿的地图呈上来！"

荆轲取过地图献给秦王，秦王缓缓展开地图，当地图的图卷展到尽头时，匕首显露了出来。说时迟那时快，荆轲用左手抓住秦王的衣袖，右手拿匕首直刺秦王。但匕首还没靠近秦王的身体，秦王受惊跳起，将衣袖都挣断了。秦王慌忙间想要将佩剑拔出，但剑身太长，秦王只是抓住了剑鞘。

荆轲追赶着秦王，秦王在咸阳宫中绕着柱子逃命。宫中的大臣们

▲汉代武梁祠画像石拓片《荆轲刺秦王》

都吓得呆住了，不知道该怎么办才好。按照秦国的法律规定，殿上的侍从和大臣是不允许携带任何兵器入殿的。没有皇帝的命令，殿外的侍卫们也只能拿着武器站立守卫，谁也不准进入宫殿内。

这时，宫内的医生夏无且（jū）用他装有药物的袋子击中了荆轲。侍从们向慌乱的秦王喊道："大王，快把剑推到背后再拔出！"

秦王把剑推到背后，才拔出剑来反击荆轲，砍断了荆轲的左腿。不能跑动的荆轲又将匕首直接投向秦王，不料匕首没有击中秦王，却击中了宫殿的铜柱。最终，荆轲被刺死。

五　燕国覆灭，筑音绝响

荆轲刺杀秦王失败了。秦王大怒，马上增派军队前往赵国，并命部分军队攻打燕国。十月，秦军攻克了燕国的蓟（jì）城。燕王和太子丹率领着燕国剩余的全部精锐部队向东退守到了辽东，但秦国军队对燕王仍是紧追不舍。

赵国的公子嘉给燕王写信说："秦军之所以这么急迫地追击燕军，完全是因为您的儿子太子丹派人刺杀秦王的缘故。如果您现在杀掉太子丹，把他的人头献给秦王，想必一定会得到秦王的宽恕的，燕国的领土或许还有可能得到保全。"但燕王实在不忍心杀掉自己的儿子。

秦国军队继续追赶东逃的燕军。最终，燕王还是狠下心来，派人杀了太子丹，并把他的人头献给了秦王。但秦王并不罢休，继续派兵攻打燕国。五年后，秦国终于灭掉了燕国，并俘虏了燕王。

秦国消灭燕国的第二年，秦王吞并了残存的其他诸侯国，完成了大一统，称自己为"始皇帝"。

平定天下后，秦始皇向天下通缉太子丹的门客，太子丹的门客们都因害怕而四散逃跑。高渐离也更名改姓，以卖酒为生。因为躲藏的时间长了，高渐离觉得身心非常疲倦。每当听到别人家堂上有击筑的声音，高渐离就会想起自己以前自由自在的时光。

秦始皇听说了高渐离会击筑的事情后，下令召见高渐离，秦始皇怜惜高渐离擅长击筑，就赦免了他的死罪，但熏瞎了他的眼睛，让他只负责击筑。

秦始皇以为这样高渐离就没法刺杀他了，但高渐离仍然有刺杀秦始皇的念头。有一次，高渐离把铅放进筑中，进宫为秦始皇击筑。在秦始皇听得入迷时，高渐离举起筑来撞击秦始皇，但却没击中。秦始皇一气之下杀了高渐离。

荆轲刺秦的失败不过是秦一统天下的插曲。即便荆轲真的刺死了秦王，只不过会引起一时的动荡，是断然无法改变燕国这一小国被更强大的国家消灭的结果的。天下大势，分久必合，合久必分，说的也正是这个道理。在历史的洪流面前，个人的力量其实是非常微弱的。

原典精选

太子逢迎，却①行为导，跪而蔽②席。田光坐定，左右无人，太子避③席而请曰："燕、秦不两立，愿先生留意也。"田光曰："臣闻骐骥④盛壮之时，一日而驰千里；至其衰老，驽马⑤先之。今太子闻光盛壮之时，不知臣精已消亡矣。虽然，光不敢以图国事，所善荆卿可使也。"

——《史记·刺客列传》

【注释】

① 却：倒退。

② 蔽：通"拂"，擦拭。

③ 避：离开。

④ 骐骥（qí jì）：千里马的别称。

⑤ 驽（nú）马：劣等马，跑不快的马。

【译文】

太子丹走上前去迎接田光，并倒退着走为田光引路，还跪下来擦拭座位给田光让座。等田光坐稳，左右没有其他人，太子离开自己的座位向田光请教说："燕国与秦国势不两立，希望先生多多费心。"田光说："我听说千里马盛壮的时候，一日可奔驰千里；可等到它衰老了，就算劣等马也能跑到它的前边。如今，太子您光听说我盛壮之年的事情，却不知道我现在精力已经消失了。虽然如此，田光不敢耽误国事。幸好我的好朋友荆轲是可以担当这个使命的。"

知识拓展

图穷匕见：图，地图；穷，穷尽；见，是通假字，通"现"。意思是事情发展到了最后，真相或本意显露了出来。

例句：我和王明很多年没有联系了，今天他突然给我打电话，聊了很久后，图穷匕见，原来他想找我借钱！

悲歌击筑：有时也作击筑悲歌。筑是古代的一种乐器。指唱着悲壮的歌，敲击着筑，抒写悲壮苍凉的气氛或情怀。

例句："百战西归变姓名，悲歌击筑醉湖城。"（宋·陆游《老将》）

剑作为一种武器，最早出现在商周时代，它最初的长度仅仅相当于现在的匕首，在十厘米到二十厘米之间，其作用仅限于防身。战国晚期，诸侯国的战士所使用的青铜剑大多长度在五十到七十厘米。

战国时期的几个主要国家中，唯有秦国的剑例外。秦在吴越青铜剑铸造的技术上加以改良，延长剑的长度，使之长度超过八十厘米，兵马俑出土的秦剑最长竟然达到九十五厘米，这比其他国家的人所使用的剑长了约三十厘米。这样做的好处显而易见，因为秦剑更长，在与敌人拼杀时会先击中对手。但这也有一定的缺陷，秦剑更长更重，需要双手紧握才能发挥其最大的杀伤力，将剑从剑鞘中拔出更加费力。这同样是秦王被荆轲行刺时，仓促间差点命丧荆轲之手的重要原因。

第八章 知己难寻 血洒长空——豫让 聂政

春秋末期，晋国当时的实权由智、赵、魏、韩四大家族把控，其中尤以智伯的势力最为强大。智伯的暴虐后来引起了赵、魏、韩的合力抵抗，最终智伯被杀。智伯死后，他的门人豫让不惜漆面吞炭，改变自己容貌、声音，数次行刺赵襄子，其忠义的行为让人感动。

聂政是战国时另一位有名的刺客，他受到韩国大臣严仲子的礼遇。严仲子与韩国的国相侠累结仇，但自觉实力不足而出逃。严仲子请聂政为他报仇，但聂政因要侍奉母亲没有答应。聂政在母亲去世后，念起严仲子的礼遇之恩，到韩国行刺侠累。聂政刺死侠累后，因寡不敌众而惨死。

一　三家合力，共灭智氏

晋出公九年（公元前 466 年），智伯与赵襄子一同率兵包围了郑国的都城。实力强大的智伯命令赵襄子率先领军攻城，赵襄子却推脱让智伯先出兵，能言善辩的智伯立即向赵襄子骂道："你相貌丑陋不堪，又胆小怕事，你的父亲赵简子怎么会立你为继承人呢？"

赵襄子冷冷答道："我想一个能够忍辱负重的继承人，对赵氏宗族并没有什么坏处吧！"经过此事，智伯与赵襄子之间的矛盾加深。

四年之后，智伯与赵襄子再次共同出兵讨伐郑国。在一次宴会上，智伯带着几分醉意向赵襄子灌酒，却遭到了赵襄子的拒绝。智伯恼羞成怒，竟将酒杯扔到了赵襄子的脸上，并再次痛骂赵襄子。赵襄子手下的将士纷纷请求杀掉智伯，洗刷智伯的几次羞辱，赵襄子却对将士说："父亲之所以让我做储君，很重要的一点就是觉得我能为了完成艰巨的任务而忍受暂时的屈辱。这点小事，请大家不必放在心上。"但其实赵襄子对智伯早已怀恨在心，恨不得杀之而后快，只不过是因为自己的实力比较弱，在等待最合适的时机罢了。

有一次，智伯向韩康子、魏桓子、赵襄子三人勒索土地。韩康子和魏桓子畏惧智伯的权势，马上献出了土地，只有赵襄子拒绝了这个要求。智伯大怒，这便有了后来智伯带领韩康子和魏桓子的军队攻打赵襄子的故事。赵襄子一家怎么会是其他三家的对手呢？他带人慌忙退守到晋阳（今山西省太原市晋源区一带）。智伯所统率的军队将晋阳城团团围住，双方僵持不下。智伯为了取胜，竟然命人挖开晋水，晋阳城内一片汪洋，河水灌淹晋阳城达两年之久。起初，城内的军民们爬上树躲避水灾，把锅悬挂起来烧饭。最后没有粮食了，人们甚至要交换孩子来食用。晋阳城内惨不忍睹。

一天，智伯带着魏桓子、韩康子站在晋阳城外的高处察看城内情况。看到眼前的这一场景，智伯高兴得不得了，他说："我现在才知道原来水可以淹没这么多人和土地啊！"

魏桓子和韩康子听了智伯的话后很是害怕，生怕智伯有一天也会以这样的方式对待魏国和韩国的百姓。智伯不知自己的种种做法已点燃了灭亡自己的导火线。

此时，在晋阳城内，赵襄子对他的谋臣张孟谈说："现在晋阳城已被围困两年多了，城里所有人都十分疲惫，粮食非常缺乏，官兵们也缺医少药，您有什么办法吗？"

张孟谈回答说："国家现在处于危险之中，如果我不能想办法来守卫它，那国家就真的是白养了我们这些谋士了。请您让我试着偷偷出城，去见见韩康子、魏桓子，看看能不能联合他们共同对付智伯。"

张孟谈想办法出了城，见到韩康子、魏桓子后，说："你们知道如果嘴唇没有了，牙齿就会感到寒冷的道理吗？智伯现在率领你们两家的军队来攻打我们赵国，如果赵国灭亡了，那么他的实力会更加强大。智伯是一个非常残暴、霸道的人，接下来他就会率领士兵攻打你们的国家了！"

韩康子和魏桓子听了张孟谈的这番话后，大为触动，他们知道按照智伯的脾气，自己早晚会成为下一个被灭亡的对象。此外，他们早就对智伯的嚣张及对他们的打压感到非常气愤。于是，韩、赵、魏三家达成了约定，一致决定共同消灭智伯。

公元前 453 年，智伯被赵襄子擒杀，他的头颅甚至被赵襄子制作成酒器用来饮酒，可见赵襄子对智伯有多恨。智伯全家被杀，所有的领地都被韩、赵、魏三家瓜分，智氏就此衰落。

二　初刺襄子，漆面吞炭

智伯被杀之后，他的门客四处逃散，其中有一个叫豫让的人逃到了深山。豫让说："唉！读书人都甘愿为赏识自己、栽培自己的人献出自己的生命，智伯对我有知遇之恩，我一定要寻找机会为他报仇！就算是献出自己的生命，我也没有什么可羞愧的了。"

为什么豫让会这么坚定地要为智伯报仇呢？原来，豫让在侍奉智伯以前一直不被重用，他也因此一直没什么名声。后来，豫让去侍奉智伯，没想到智伯特别尊重和器重他。因此，豫让决定刺杀赵襄子来报答智伯的知遇之恩。

豫让先是更名改姓，伪装成服役的犯人，混入赵襄子宫中修整厕所。他随身携带匕首，时刻想要寻找机会刺杀赵襄子，但赵襄子身边总有护卫，豫让一直没有得到机会。

有一次，赵襄子独自去上厕所，豫让心想机会来了！但赵襄子上厕所的时候，心跳突然加速，他看到修整厕所的犯人神色可疑，预感会有不好的事要发生，便呼喊侍卫抓捕犯人。豫让因此被抓，藏在衣服里面的匕首也被搜出，但豫让毫不畏惧地喊叫着："赵贼，我要杀了你，为我的主公智伯报仇！"

侍卫纷纷嚷着要杀掉豫让。赵襄子却说："这是难得一见的忠义之士啊！我以后谨慎小心地避开他就是了。况且，智伯死后没有继承人，但他的家臣却还想着为他报仇，可见这是天下少有的贤良之人啊！"最后，赵襄子还是让人把豫让放走了，但豫让并没有就此放弃自己的刺杀计划。

过了不久，豫让又开始计划刺杀赵襄子。豫让这次变换了策略，他把漆涂抹在身上，使肌肤溃烂，又吞下燃烧的炭破坏声带，使声音变得嘶哑。这样无论外貌还是声音都很难被人辨认。豫让沿街乞讨时，就连他的妻子迎面走来也没有认出他。

有一天，豫让在路上乞讨，遇见他的朋友，竟被朋友辨认出来了，这位朋友问："您是豫让吗？"

豫让回答："是我。"

朋友看到豫让的这副样子，不禁落下泪来："豫让，凭着你的才能，只要你肯放下尊严来侍奉赵襄子，赵襄子一定会亲近和重用你的。在重用你之后，你再做你所想做的事，不是更容易吗？何必要伤害自己的身体、丑化自己的形貌，以这样的办法来向赵襄子报仇呢？"

豫让却说："如果决定了侍奉赵襄子，我自然要对他忠心不二，如果还想着要杀掉他的话，这实在是居心不良，我豫让做不出这样的事情！我知道以现在这样的方式来报仇是非常困难的，可我就是要让后世那些怀着其他心思侍奉国君的臣子感到惭愧！"说完这些话后，豫让就走了。

三　二刺襄子，斩衣三跃

终于有一天，豫让听说赵襄子要外出，便提前潜伏在赵襄子出行必经的桥下，等待时机进行刺杀。赵襄子坐车经过桥上时，他的马突然受到了惊吓，赵襄子肯定地说："豫让一定在这附近！"他派侍卫去搜查，果然在桥下发现了毁容后的豫让。

侍卫将豫让带到赵襄子的面前，赵襄子对豫让说："豫让先生，我有一点不明白，您不是曾经侍奉过范氏、中行氏（晋国的两位大臣）吗？智伯把他们两家都消灭了，您却不替他们报仇，反而投身到智伯的门下，成为他的门客。现在智伯死了，您又为什么如此急切地要为他报仇呢？"

豫让说："我的确侍奉过范氏、中行氏，但他们只把我当作一般人看待，所以我也就像一般人那样对待他们。智伯却不一样，他把我当作优秀的人才看待，所以我也应该像优秀的人才那样回报他。"

赵襄子长叹了一口气，流着泪说："哎呀，豫让先生！您之前为智伯报仇，已经尽了主仆间的情分，而我上次也宽恕了你，表现了我

▲汉代画像石拓片《豫让纹身报知己》

对您最大的尊敬和善意。您本该好好为自己打算，却坚持要杀我，这次无论怎么说我都不能再放过您了！"于是下令让士兵围住了豫让。

豫让对赵襄子说道："我听说贤明的君主从不埋没别人的美名，而忠臣义士也常有为美名去死的事情。上次行刺您时，您大度地宽恕了我，天下没有谁不称赞您是一位贤明的人。今天再次行刺您，被您抓获，我本应该坦然受死，但我希望在死之前能在您的衣服上刺几下，这样也算是为我的主人报仇了。那么，我就算死了也没有什么遗憾了。我不敢奢望您会答应我的要求，但我还是冒昧地向您说出我的心里话！"

赵襄子被豫让的侠义行为深深感动了，就将自己脱下的外衣拿给了豫让。于是，豫让拔刀后多次刺向衣服，并说："我终于报答了智伯的知遇之恩，可以去九泉之下见他了！"说完，自杀身亡。

赵国的有志之士听到豫让自杀的消息后，没有一个不为他伤心流泪的。

四　仲子厚遇，数访聂政

聂政是韩国轵（zhǐ）邑深井里（今河南省济源市）人，他因杀了人，为躲避仇家，和母亲还有姐姐聂嫈（yīng）逃到了齐国，在市场上以屠宰牲畜为生。

韩国的大臣严仲子和韩国的国相侠累因为争夺权力而结下很深的仇怨。严仲子的势力弱一些，他怕遭到侠累的杀害，不得已逃到其他国家，并四处寻找能替他向侠累报仇的人。严仲子到了齐国后，有人向严仲子推荐聂政，说他是一个非常勇敢的侠客，因为躲避仇人而藏身在屠夫行业。

严仲子多次来到聂政的家中拜访，想要结交他。有一次，聂政的母亲过生日，严仲子不仅精心准备了丰盛的宴席，还亲自捧杯给聂政的母亲敬酒。喝到高兴时，严仲子献上了一百镒（yì，古代重量单位，一镒为二十两）的黄金作为寿礼，为聂政的母亲祝寿。聂政并不知道严仲子这样做是想让自己帮助他复仇，所以面对严仲子如此丰厚的礼物，聂政感到很奇怪，他坚决不收，但严仲子还是执意要送。

聂政对严仲子说："谢谢您的好意。我家里虽然贫穷，我又只是市场上的一名屠夫，但我对母亲的照顾还算到位，实在不敢接受您如此丰厚的礼物。"

严仲子避开别人，趁机对聂政说："先生，我和您说实话吧。我有一个仇人，因为他，我才不得已离开韩国。之前，我到过好几个国家，都没找到能为我报仇的人。来到齐国后，私下听别人说您很重义气，所以献上这些钱财作为您侍奉母亲的日常费用，也希望能够跟您交个朋友，哪里还敢有别的奢求和指望呢！"

聂政说："我之所以愿意放下尊严在这市场上做个屠夫，就是希望可以陪伴在母亲身边，过个平安的日子。我的母亲尚在人世，因此我不敢对别人许下什么诺言。"

严仲子听完聂政的话后，还是执意要赠送给他那些礼物，聂政却始终不肯接受，严仲子只好遗憾地离开。

五　刺杀韩相，自毁面容

若干年后，聂政的母亲去世，聂政将母亲安葬。在服丧期满后，他感叹道："唉！我不过是一个普通的平民百姓，做着屠夫这种卑贱的职业，而严仲子贵为韩国的高官，不远千里找到我，降低身份与我结交。当初我待人家的情谊实在太微不足道了。严仲子还赠送百金为我母亲祝寿，我虽然没有接受，可是看得出他对我很用心啊！他以前请求我为他复仇时，因为母亲在世，我才没有答应。现在，我的母亲已经过世，我该站出来为严仲子贡献自己的一份力了！"

聂政一路向西来到了卫国的濮（pú）阳，找到严仲子说："我以前之所以没答应报仇的事，是因为当时母亲还在人世，我需要照顾母亲，以表达自己的孝心。如今，我的母亲已离开人世，我也没有什么可牵挂的了。请问您想要复仇的人是谁？请让我为您做这件事吧！"

严仲子原原本本地告诉聂政："我的仇人是韩国的国相侠累。侠累是当今韩国国君的叔父，他的家族力量庞大，人丁众多，他居住的地方士兵防卫又非常严。我曾多次派人刺杀他，始终没有成功。现在承蒙您没有嫌弃我，前来与我相见，请让我为您准备车马，并挑选精壮的人作为您的助手。"

聂政说："卫国距离韩国并不太远，现在我要去刺杀韩国的国相，国相又是国君的叔叔，在这种情况下不能去很多人。人多了难免会发生意外，也很可能会走漏消息。如果真的泄露，等于让您与整个韩国的人为敌，这实在太危险了。请您还是让我一个人去吧！"

于是，聂政谢绝了严仲子为他准备的车马和壮士，辞别严仲子后，一个人前去韩国。

聂政带着宝剑来到了韩国的都城，在国相侠累的家门前观察。聂政看到侠累坐在大堂上，身边还有很多持武器的侍卫。聂政什么都不害怕，直接闯了进去，走上台阶跑向侠累，侍从大乱。聂政手持宝剑，高声大叫，被他刺倒的有几十个人，侠累也被他刺死。但终因寡不敌众，聂政无法逃脱。为了不让韩国人查明他的身份连累家人，聂政趁势用剑毁坏了自己的面容，并挖出自己的眼睛、剖开自己的肚子，聂政就这样惨死了。

韩国的国君命人把聂政的尸体陈列在街市上，悬赏重金询问他的身份，但没有谁知道这个连面貌都看不清的人究竟是谁。于是，韩国又悬赏千金，希望有人能提供杀死国相侠累的凶手的信息。但过了很久，仍没有人知道。

▲汉代画像石拓片《聂政刺韩傀》

六　聂嫈哭市，寻认弟尸

　　聂政的姐姐聂嫈听说有人刺杀了韩国的国相侠累，凶手的尸体就陈列在韩国的街市上。聂嫈抽泣着说："这个人大概就是我弟弟聂政吧？说到底还是因为严仲子对我弟弟以礼相待啊！"

　　于是，聂嫈马上动身，前往韩国的都城。来到街市上，她从死者的身形判断出这个人就是弟弟聂政。聂嫈趴在聂政的尸体上痛哭，非常悲痛地向众人说："他就是我的弟弟聂政啊！"

　　街上的韩国人对聂嫈说："这个人杀害了我们的国相，国君悬赏千金希望知道他的身份，你难道没听说吗？怎么还敢来认尸啊？"

聂嫈说："我听说了。可是我的弟弟聂政在活着的时候之所以能够忍辱负重做一名屠夫，只是因为我们的母亲健在，我还没有出嫁。那时，严仲子不因为我弟弟的身份低贱而愿意结交他，这份恩情实在深厚！当我们的母亲去世，我也嫁人后，我弟弟想要报答严仲子的恩情，他还能怎么办呢？我听说，勇士本来就应该敢于为了解自己的人牺牲性命。如今我弟弟因为我还活在世上的缘故，不想牵连到我，就毁坏自己的面容、残害自己的身体，使人难以辨认。我作为姐姐，怎么能因为害怕被杀，而就这样埋没弟弟的名声呢？"

听了聂嫈的这番话后，整个街市上的人都大为震惊，而聂嫈也因过度哀伤死在了弟弟聂政的身旁。

晋、楚、齐、卫等其他诸侯国的人听闻这个消息后都感叹不已："聂政不仅有勇有谋，就连他姐姐聂嫈也是一个十分刚烈的女子啊！如果聂政知道他死后，姐姐因为无法承受弟弟露尸在外的痛苦，而坚持穿越千里寻找他，向众人公开他的侠义行为，最终导致姐姐和他二人都死在韩国的街市上，那聂政也未必敢答应严仲子报仇的请求。严仲子可以说是一个懂得爱惜人才的人了，因此才有那么多的贤士肯为他效命啊！"

无论豫让还是聂政，他们都是知恩图报的侠义之士，"士为知己者死"是他们恪守的人生信条。也许会有人觉得他们不过是有心之人复仇的工具，认为他们为此献出自己的生命实在不值得，但他们的勇敢无畏及重情守义却是无可辩驳的，是值得尊敬的。

原典精选

　　政姊嫈闻①人有刺杀韩相者，贼不得，国不知其名姓，暴②其尸而县③之千金，乃于邑曰："其是吾弟与？嗟乎，严仲子知吾弟！"立起，如④韩，之市，而死者果政也，伏尸哭极哀，曰："是轵深井里所谓聂政者也。"市行者诸众人皆曰："此人暴虐吾国相，王县购其名姓千金。夫人不闻与？何敢来识之也？"

——《史记·刺客列传》

【注释】

①闻：听说。

②暴（pù）：同"曝"，暴露。

③县（xuán）：古同"悬"，在此为悬赏的意思。

④如：到……去，往。

【译文】

　　聂政的姐姐聂嫈听说有人刺杀了韩国的相国，却不知道凶手到底是谁，全韩国没人知道他的姓名，街道上摆放着他的尸体，悬赏千金，叫人们辨认，聂嫈抽泣着说："大概是我弟弟吧？哎呀，都因为严仲子赏识我弟弟！"于是她马上动身，前往韩国的都城。来到街市上，她发现死者果然是聂政，就趴在尸体上痛哭，极为哀伤，说："这就是轵深井里的聂政啊！"街上的行人都说："这个人残杀了我国相国，君王悬赏千金想要知道他的姓名，夫人没听说吗？怎么还敢来认领尸首啊？"

知识拓展

士死知己：亦作"士为知己者死"。士，有才识的人。知己，了解、理解、赏识、懂自己，后用来指彼此了解、赏识而情谊深切的人。意指为了报答知己，不惜牺牲生命。

例句：你如此真诚地待我，士死知己，在这件事情上我一定会竭尽全力。

明代著名文学家、思想家方孝孺曾写过一篇《豫让论》，对豫让刺杀赵襄子的行为进行了评价，在此摘取其中的一段文字。

原文："士君子立身事主，既名知己，则当竭尽智谋，忠告善道，销患于未形，保治于未然，俾身全而主安。生为名臣，死为上鬼，垂光百世，照耀简策，斯为美也。苟遇知己，不能扶危于未乱之先，而乃捐躯殒命于既败之后；沽名钓誉，眩世炫俗，由君子观之，皆所不取也。"

译文："士人君子要建立功名、侍奉君主，既然被称作知己，那就应当竭尽自己的智谋，对君主诚恳地劝告和巧妙地引导，在祸患还没有发生时就消除它，在天下太平尚未被破坏时尽力维护，使自己周全不受损害，也让君主没有危险。活着时应是有名的忠臣，死后也要做高尚的英灵，这样流芳百世、名垂史册，才是美谈。如果遇到知己的君主，不能在动乱之前拯救危难，而是在事情失败之后才去献出自己的生命，在我看来，这是用不正当的手段捞取名誉的行为，是在欺世盗名。这在君子看来，都是不被认可的。"

从上文可见，方孝孺对豫让刺杀赵襄子一事并不认可，他认为这有违君子之道，你怎么评价豫让呢?

第九章 是非曲直 正邪难辨——郭解

郭解是西汉时期的著名游侠，我们很难用好或者坏来评定他，在他的身上体现出了复杂的性格。

他凶狠歹毒，烧杀抢掠，无恶不作，但又能懂得自我反思、信守道义、以德报怨。郭解活着的时候，追随他的人很多，但江山易改、本性难移，郭解和他的门人后来还是多次行凶杀人。最终，汉武帝在公孙弘的建议下，诛杀了郭解一家。

一　无恶不作，浪子回头

郭解，字翁伯，河内轵县（今河南省济源市轵城镇）人，西汉时著名的游侠。郭解的外祖母是善于给人相面（一种迷信活动，根据人的面貌、气色、体态、手纹等推算人的吉凶、祸福等）的许负，他的父亲因为行侠，在汉文帝时被逮捕处死。

郭解的个子不高，但却非常精明勇猛。小时候他就表现出残忍凶狠的性格，每当心中不高兴时，就通过杀人来发泄。他还抢劫他人，盗掘别人家的坟墓，简直无恶不作。因此，对他心有怨恨的人实在是太多了。但就是这样一个十恶不赦的郭解，运气却很好，总能得到上天的眷顾。每当他遇到危险的时候，都能够脱身，即使犯罪入狱他也会遇到朝廷的赦免（古代帝王在皇帝登基、更换年号、立皇后、立太子等喜事或者遭遇大的天灾时，常会宽恕一批罪犯的罪过），从而一次次地保全了性命。

等到郭解年龄大了后，他的性情逐渐温和起来，他开始自我反思，决定改变自己。郭解给那些怨恨他的人恩惠，施舍很多却不求回报。同时，郭解想要行侠仗义的想法越来越强烈。在救了别人的性命后，他却从不夸耀自己的功劳。就这样，郭解的名声慢慢传播了出去，当时的少年都很仰慕、崇拜他，也常常私下为郭解报仇，却不让他知道。

郭解的外甥凭借郭解的势力和影响作威作福，他与别人喝酒时强迫人家和他干杯。如果对方因为酒量小，表示不能再喝了，他就强行给别人灌酒。有一次，被灌酒的人因为郭解外甥的蛮横行为生气了，就拔出刀来刺死了他外甥，然后逃跑了。

郭解的姐姐怒气冲冲地找到郭解说："世上的人都说你勇猛、讲义气，可现在你的外甥被杀了，你却连凶手都捉不到。"她索性把儿子的尸体丢弃在道路上，故意不下葬，以这种方式来使郭解难堪。

郭解没有办法，就只好派人暗中打听凶手躲到了什么地方。凶手听说后，感到十分害怕，就主动找到了郭解，把自己为何杀了他外甥一五一十地告诉了郭解。

郭解本想杀了凶手以泄心头的恨意，但在听完凶手的陈述后却平静地说："是我家孩子没有道理在先，你杀了他也是应该的。"

于是，郭解放走了那个凶手，并把问题的罪责归结于自己的外甥，还将外甥的尸体下葬。人们听说了以后，没有一个人不称赞郭解有道义，想要追随他的人更多了。

二　以德报怨，众人追随

郭解每次外出或者回家时，那些害怕他的人都会躲得远远的，但有一个人却傲慢地坐在地上斜视他。郭解有个手下认为那个人的做法是对郭解的不尊敬，想要杀掉那个人，郭解劝导手下："我生活在乡里，却没有得到别人的尊敬，这是我自己的修养还不够，那个斜视我的人又有什么过错呢？"但郭解对那个人的行为感到好奇，便派人去打听那个人的姓名，还暗中嘱托尉史（地方的治安官）说："这个人是我最关心的人，等到他服役时，请您免除他的劳役。"

以后每到服役时，县里的官吏都不会找那个对郭解不礼貌的人。那人感到很奇怪，就向别人打听其中的原因，最后得知原来是郭解托人免除了他的差役。他想到自己之前对郭解的态度，感到非常愧疚，就袒露身体，想要负荆请罪，请求郭解宽恕他的罪过。少年们听说这件事后，更加仰慕郭解的为人了。

当时，洛阳城里有一些人相互结了仇，有不少有贤能的人或者豪义之士会从中调解。但也有结仇的双方各有各的道理，始终都不听别人的劝解的时候。一次，有个门客就来拜见郭解，请求他能够出面协调。晚上，郭解趁着夜色悄悄去见了结仇的人家，结仇的人家本不想见其他人，但出于对郭解的尊重，还是委屈心意地听从了郭解的劝告，准备和好。

郭解离开时却对他们嘱咐说："我听说之前洛阳城中很多有名望的人来为你们调解，你们基本不会接受，但如今你们听从了我的劝告，我怎么能够抢占别人的功劳呢？请你们暂时不要接受我的调解，等我离开后，当再有洛阳城中的豪义之士前来为你们调解时，你们再选择和解。"为了不让更多的人知道自己参与了这件事，郭解在当晚就匆匆离开了。

郭解继续保持着对他人恭敬的态度，也从不敢乘坐马车在县衙门前经过。他到旁边的郡国替别人办事，如果能替别人把事情办成，就一定会尽全力去做；即便办不成别人托付给他的事情，他也要尽力使各方都满意，然后才敢去吃人家准备的酒饭。

郭解的侠义行为深深感染了周围的人，大家都特别敬重他，争着为他效力。常常有生活于城中的少年及附近县城的人在半夜拜访郭解，郭解的门前总是停有十多辆马车，人们都请求把郭解的门客接到自己的家中供养。

三　迁居茂陵，亡命天涯

汉武帝元朔二年（公元前 127 年），朝廷下令让各郡国的富人搬到茂陵居住。郭解虽受人敬重，但他的家境不富裕，并不符合迁居标准，可朝廷下发的迁移名单上却有郭解的名字。地方官吏害怕朝廷的法令，不得不让郭解搬家。

当时，将军卫青向汉武帝求情，想让皇帝同意郭解不搬家。

卫青说："陛下，郭解的家境贫穷，不符合朝廷公布的迁居茂陵的标准，请您同意不必让郭解搬家。"

但汉武帝听后却说："一个普普通通的老百姓竟能够让你一个大将军替他说话，可见他的家境并不是真正的贫穷。"

最终，郭解一家还是被要求搬到茂陵居住。郭解搬家时，那些仰慕他的人纷纷为他送行，并赠送给他大量的钱财。

后来，郭解的侄子听说是同乡杨季主的儿子向朝廷提出让郭解搬家的，便杀了杨季主的儿子。从此，杨家与郭家结下了仇。

因为郭、杨两家的仇怨，郭解后来又杀害了杨季主。杨季主的家人向朝廷状告郭解，但郭解的手下竟在宫殿门口把告状的人给杀了。这件事情的影响非常恶劣，最终闹上了朝堂。汉武帝听到这件事后，忍无可忍，就下令抓捕郭解。

郭解听说朝廷要逮捕他，安置好自己的母亲后，匆匆逃到了临晋。临晋有个叫籍少公的人，走投无路的郭解只能去拜见他。籍少公之前并不认识郭解，因为郭解的请求，还是冒着危险把郭解送出了关卡。

朝廷的官吏一路追拿郭解，追踪到籍少公的家里。籍少公不想泄露郭解的行踪，便自杀了。郭解的行迹到籍少公这里就中断了，没人知道他的下落。

四　儒生被杀，郭解遭诛

郭解逃亡之后，颠沛流离、东躲西藏，过了很久，官府才追捕到郭解。经过一番审问后，郭解还是无法被定罪。因为能置郭解于死地的命案大多发生在皇帝大赦之前。因此，郭解的案子一直拖着，久久无法定罪。

在查办郭解案件的过程中，有个儒生陪同前来查办郭解案件的使者闲坐。郭解有一个门客称赞郭解的侠义，儒生不解地问道："郭解做了很多奸诈邪恶、违法犯罪的事情，你怎么还说他是侠义之士呢？"

　　郭解的门客听到这话，一气之下就杀了这个儒生，还割下了他的舌头。

　　查办郭解的官吏正犯愁无法给郭解定罪，现在证据不是送上门来了吗？于是，官吏责问郭解，令郭解交出凶手，但郭解确实不知道杀害儒生的门客究竟是谁。经过一番调查后，朝廷也始终查不出杀掉儒生的凶手。最终，官吏只好向皇上报告说郭解无罪。

　　御史大夫公孙弘说："郭解不过是一个平民百姓，却用行侠仗义的手段笼络和迷惑百姓，致使他的门客常常因为一点小事就轻易杀人。这次的杀人事件郭解虽不知情，但这个罪过却比他亲自杀人还要严重，影响也更为恶劣。陛下圣明，请判处郭解大逆不道的罪过！"

　　汉武帝听了公孙弘的话后，觉得很有道理，便下令诛杀了郭解一家。郭解曾因行侠仗义而名震江湖，追随他的人很多，但他最终因没能约束好自己和门客，为自己招来灾祸，竟落得个满门抄斩的下场，真是让人可叹！

原典精选

太史公曰：吾视郭解，状貌不及中人①，言语不足采者。然天下无贤与不肖②，知与不知，皆慕其声，言侠者皆引以为名。谚曰："人貌荣名，岂有既③乎！"於戏，惜哉！

——《史记·游侠列传》

【注释】

① 中人：平常人，一般人。

② 不肖：没有才能，品行不好。

③ 既：完，终了。

【译文】

太史公说："我看郭解这个人，容貌还不如一般人，言辞也没有什么可取之处。但是天下无论是贤人还是没有才能的人，无论认识他还是不认识他的人，都仰慕他，谈论游侠的人都标榜郭解，以提高自己的名声。谚语说：'人用美好的名声作容貌，难道会有衰老终结的时候吗？'唉，可惜呀！"

知识拓展

以德报怨：德，恩惠；怨，仇恨。意思是不记别人的仇，反而给他好处。

例句：你们两家吵了这么多年，还是解决不了问题，何不彼此以德报怨，将往事一笔勾销？

如果要列出《史记》中最受争议的人，郭解肯定在这个名单上。郭解既不是绝对的好人，也不是绝对的坏人，我们很难用简单的好坏来评价他。在他的身上，有打抱不平、以德报怨、仗义疏财的一面，所以才会有那么多的人想要追随他；但他的身上又有着凶狠残暴、目无法纪、作恶多端的一面。

明末清初小说家丁耀亢曾用"恃势凌物，武断乡曲，吾直以为穿窬（yú）之雄耳"来评价郭解，意思是说郭解凭借自己的势力欺凌别人、轻率地判断地方的纠纷。因此，丁耀亢只把他视作如穿墙而过的盗贼一般的人物。

那么，你是怎么评价郭解这个人物的呢？

第十章　微以讽谏　位卑忧国——俳优

淳于髡、优孟、优旃三个人的事例都出自《史记·滑稽列传》一文，他们三人都是古代著名的俳优，也就是表演滑稽戏的艺人。在中国古代，特别是在《史记·滑稽列传》中，「滑稽」的意思为能言善辩，言辞流利。司马迁创作《滑稽列传》主要是颂扬淳于髡、优孟、优旃这类滑稽人物不流世俗、不争势利的可贵精神以及非凡的讽谏才能。

一 谏讽威王，一鸣惊人

淳于髡(kūn)是战国时期齐国的政治家、思想家。淳于髡身材矮小，身高不到七尺（约一米六），但他能言善辩，曾经多次代表齐国出使其他诸侯国，难得的是从来没有辱没过齐国的名声。

齐威王在位时，喜欢说隐语，又喜欢整夜设宴喝酒，每天沉醉于饮酒娱乐之中，完全不去管理国家的政事。

齐威王自己轻松自在了，但国家可就乱了套了。由于齐威王不务正业，齐国的文武百官也多效仿齐威王尽情享乐，这样的国家就好像是一群猛兽嘴边的一块肥肉，其他的国家怎么能够不动心呢？于是，各国都来侵犯齐国，齐国陷入危急存亡的关头，国家灭亡几乎就是早晚的事。

齐威王身边当然有一些忠臣，但这些大臣们知道齐威王的脾气，都不敢向齐威王进言，生怕给自己招来杀身之祸。淳于髡看在眼里，急在心里，他决定用隐语的方式来劝说齐威王。有一天，淳于髡来到宫廷，他对齐威王说："大王，您听说了吗？咱们齐国都城中有只大鸟，落在大王的庭院里，可奇怪的是这只大鸟飞来三年了，不飞也不叫，大王知道这是怎么一回事吗？"

齐威王当然知道淳于髡是在用这只大鸟来指代自己，他不动声色地对淳于髡说："这只鸟不飞的话就算了，但决定要飞的时候，一飞就会冲到天上去；它不鸣叫的话就算了，但决定要叫的时候，一开口就会惊动所有的人。"

随之，齐威王下令将全国七十二个县的长官全都叫到都城中，要求向他陈奏各地的民风民情。他一一听完了这些官员的陈述后，奖赏了其中一名做得最好的官员，又杀掉了其中一名做得最不好的官员。他这样的做法使得臣民都深感震惊，齐国上下的风气为之一变。齐威王又决定派出军队抵御侵犯齐国的敌人。其他国家的国君十分害怕，纷纷把之前侵占齐国的土地归还给了齐国。自此，齐威王的威名就这样维持了三十多年。

二　出使齐国，物极必反

齐威王八年（公元前 349 年），楚国派遣大批军队侵犯齐国边境。齐威王觉得单凭齐国的实力还不能保证打败楚国，就派淳于髡出使赵国去搬救兵，并为他准备了礼物。这些礼物是一百斤黄金和十辆四匹马拉的车。淳于髡得知后仰天大笑，将系帽子的带子都笑断了。

齐威王很不理解地问："先生笑什么呢？是嫌本王给你准备的礼物太少了吗？"

淳于髡回答："小臣怎么会觉得大王准备的礼物少呢！"

齐威王又接着问："那您为什么还笑得那么厉害呢？难道是我做错了什么吗？"

淳于髡没有直接说齐威王做得不好的地方，而是给齐威王讲述了一个故事："大王，今天我从都城东边来时，看到道路旁边有一个人拿着一个猪蹄、一杯酒在向田神祈祷。我听到他向田神祈祷说，希望他在高地上收获的谷物能将他家所有的粮仓盛满，在地势较低的农田里收获的庄稼能将他家所有的车辆装满。我看见这个人拿的祭品那么少，却厚脸皮向田神祈求那么多的东西，这实在是太好笑了啊！"

齐威王明白了淳于髡想说却没说的话，原来淳于髡是想说他准备的礼物少啊！于是，齐威王就把送给赵国的礼物增加到黄金千镒、白璧十对、四匹马拉的车一百辆。

淳于髡对齐威王这次准备的礼物比较满意，就起身告辞，带着礼物来到了赵国。在淳于髡的游说下，赵王最终答应援助齐威王十万精兵，并配有一千辆战车。楚王听说这个消息后，还没开战就选择了退兵。

齐威王得知楚军退兵的消息后非常高兴，就在宫廷大摆酒宴招待淳于髡，赏赐他酒喝。宴会上，齐威王问淳于髡："先生的酒量怎么样呢？"

淳于髡回答说："我喝一斗酒也能醉，喝十斗酒也能醉。"

齐威王听后觉得非常奇怪，就问："先生，如果您喝一斗酒就醉了，怎么还能喝十斗酒呢？"

淳于髡说："如果是大王您赏赐酒给我喝，执法官站在我的旁边，史官站在我的背后，我肯定会感到心惊胆战，这样的情况下，我喝不了一斗酒就醉了。如果我的父母有尊贵的客人要接待，我端着酒给客人敬酒，客人高兴的话，不时赏赐给我一点他们喝剩的酒，这样的情况下，我喝不到两斗酒就会醉了。如果是和好久没有见面的朋友喝酒，大家高兴地述说着往事，这样的情况下，我喝五六斗酒就醉了。至于乡里之间的聚会嘛，男女坐在一块，没有喝酒时间的限制，又会做一些投壶（把箭向壶里投，投中多的获胜）之类的小游戏，这种情况下，我即使喝上八斗酒，也没有什么问题。天黑了，酒也快喝完了，把别人喝剩下的酒放到一块儿，主人只把我留下，我们畅怀痛饮，这时我心里最高兴，这种情况下，能喝下十斗酒。在我看来，酒喝得过多就容易出乱子，欢乐到了顶点就会发生悲痛的事情，乐极生悲、物极必反讲的就是这个道理。世界上所有的事情都是如此。"

齐威王听了淳于髡这番话后，明白淳于髡是在劝说自己少饮酒作乐。于是，齐威王决定不再像以前那样整夜喝酒，并任命淳于髡为接待诸侯宾客的官员。齐国上下，君臣一心，国力比之前更加强盛了。

三　优孟葬马，声名远扬

春秋时期，楚国出了个叫优孟的人。优孟的出生和去世时间大家都不清楚，只知道他是荆州人，本来是楚国宫廷的歌舞艺人。他身材高大，据说身高八尺，从小不仅能言善辩，还擅长表演，经常以说笑的方式向楚庄王进言。

楚庄王有一匹名贵的马儿，他实在是太喜欢这匹马了，命人给宝马穿上华美的带有花纹的衣服，把马养在富丽堂皇的屋子里，让马睡在松软的床上，还用蜂蜜泡过的枣干来喂马。这匹马被照顾得太好，又缺乏运动，后来因过于肥胖而病死了。楚庄王非常伤心，命令群臣给爱马大办丧事，并打算按照大夫（dà fū）的礼仪来埋葬这匹马。楚庄王身边的大臣对此争论不休，认为这样做是对士人的侮辱，但是楚庄王下令说："如果有谁敢再因为埋葬宝马的事向我进言，我就把他处以死刑。"

优孟听闻此事后，走进殿门，仰天大哭。楚庄王惊讶地询问他哭的原因。

优孟说："这匹马是大王最喜爱的，像楚国这样国力强大的国家，没有什么事情是办不到的，但大王仅仅只是用大夫的礼仪来埋葬它，实在是太轻待这匹马了，在下请求大王按照君王的礼仪来埋葬这匹马。"

楚庄王问："那要具体怎么做才好呢？"

优孟回答说："我请求用雕刻花纹的美玉给这匹马做棺材，再用名贵的木材保护棺材，派士兵给这匹马挖掘墓穴，让老人和儿童背土给这匹马筑坟，齐国和赵国的使臣在前面陪祭，韩国和魏国的使臣在后面守护，建立祠庙，用牛、羊、猪祭祀，再赐给这匹马一座有着一万户人家的城池作为封地。我想，当其他国家听说楚国如此安葬这匹马后，就都知道大王把马看得比人还重要了。"

楚庄王听后恍然大悟，说："先生，难道我的过错已经到了这种程度了吗？请问我该怎么补救呢？"

优孟淡然地说："大王您就按照对待一般牲畜的方式对待这匹马就好了。在地上堆个土灶，再支一口大铜锅，用姜、枣等调味，用香料来去除马肉的腥味，大火焚烧，再蒸些饭，让众人一起食用了它，把它安葬在众人的肚子和肠道中。"

最后，楚庄王听从了优孟的建议，派人把死马交给了宫中负责膳食的厨师。

四　模仿楚相，巧助其子

楚国的令尹（楚国执政官名，相当于宰相）孙叔敖知道优孟是一位有贤才的人，并没有因为优孟是一位宫廷艺人而轻视他，反而对他很是敬重。孙叔敖临终前叮嘱他的儿子说："我死后，你一定会过得很贫困。如果真到那种田地，你就去拜见优孟寻求他的帮助，说你是孙叔敖的儿子。"

孙叔敖去世没几年，他儿子的生活果然十分贫困，只能靠在集市上卖柴为生。

有一天，孙叔敖的儿子在路上遇到优孟，想起了父亲临终前的嘱托，就对优孟说："先生，我是孙叔敖的儿子，我父亲临终前曾嘱咐我，让我贫困时就去拜见您。"

优孟对他说："你最近这段时间不要到远的地方去，我来给你想想办法。"

▲击鼓说唱俑

▲说唱陶俑

　　优孟回到家后，就立即按照孙叔敖的衣服和帽子的样式缝制了一套衣服和帽子，穿戴好后模仿孙叔敖的言谈举止。一年多后，优孟模仿孙叔敖惟妙惟肖，连楚庄王身边的大臣都没有分辨出来孙叔敖的样子是优孟模仿出来的。

　　有一次，楚庄王在宫内设置了酒宴，优孟趁机上前为庄王敬酒。庄王看到优孟后大吃一惊，以为孙叔敖又死而复生了。他提出要让优孟做楚国的令尹。

　　优孟却说："大王，请您允许我回去和妻子商量下，三天后再告知您结果。"庄王答应了他。

　　三天后，优孟来拜见楚庄王。庄王问："先生，您的妻子是怎么说的啊？"

　　优孟说："我的妻子对我说千万别做楚国的令尹，楚国的令尹不值得去做。你看那孙叔敖忠正廉洁地治理楚国，为楚国奉献了一切，楚王才得以称霸，但孙叔敖死后，他的儿子竟贫困到每天要靠到集市上卖柴谋生。如果要做像孙叔敖那样的楚国令尹，还不如早点自杀呢！"

　　楚庄王听后，向优孟表示了歉意，并为自己忽略了孙叔敖的后人的生活处境而感到愧疚，当即召见孙叔敖的儿子，把寝（qǐn）丘四百户的收入赏赐给他，以保障他的生活。

五　优旃反语，二谏始皇

说完了淳于髡和优孟的故事，我们再来看看另一位歌舞艺人的故事。他的名字叫优旃（zhān），他的出生及去世时间大家都不清楚，只知道他是秦朝时宫廷内的歌舞艺人。优旃的个子非常矮小，但非常擅长说笑话，然而谈笑之间却蕴含着深刻的道理，他常用这样的方式对君王的过失加以劝说。

有一次，秦始皇在宫中设置酒宴，正遇天降大雨，皇宫台阶下手持盾牌站岗的卫士都淋着雨受着风寒。优旃看到后，十分同情他们，便问道："你们想要休息吗？"

卫士们都说："当然想了。"

优旃说："我有办法让你们休息，一会儿我叫你们的时候，你们听到后要很快地答应我。"

过了一会儿，优旃进入宫殿后，向秦始皇祝酒，高呼万岁。他靠近栏杆旁，大声喊道："卫士可在？"

台阶下站立的卫士答道："在！"

优旃笑着说："你们虽然比我要长得高大，但又有什么好处呢？还不是只能站在外面淋雨？我虽长得矮小，却能够在殿内休息。"秦始皇听后，下令留下一半的卫士，让这些卫士轮流休息。

秦始皇曾想扩大他捕猎的区域，他计划东扩到函谷关，西扩到雍县和陈仓。但这样做的话，就会使很多农民被迫离开自己生活的土地。优旃听说这件事后，对秦始皇说："好啊！请陛下您多养些飞禽和走兽在里面。当有敌人从东边来侵犯我国时，您就可以让麋鹿用角去抵挡他们的进攻了。"秦始皇听到优旃的话后，感到很羞愧，就停止了扩大猎场的计划。

秦始皇死后，秦二世即位。秦二世突发奇想，竟想用漆涂刷城墙。优旃说："好啊！陛下，即使您不这样做，我也要请求您这样做的。涂刷城墙虽耗资巨大，增加了百姓的负担，可是城墙涂刷后看起来很好看呀！城墙被漆得好看了，当有敌人来犯时一定也爬不上来。不过，给城墙涂漆是很容易的，难办的是涂漆之后，城墙不能在阳光下暴晒，需要找一所足够大的房子罩住城墙，以便城墙可以晾干。"

秦二世听后笑了起来，就取消了涂刷城墙这个计划。

不久后，秦二世被杀，优旃归顺了汉朝。没过几年，优旃也去世了。

原典精选

优旃者，秦倡^①侏儒^②也。善为笑言，然合于大道。秦始皇时，置酒而天雨，陛楯者^③皆沾寒。优旃见而哀之，谓之曰："汝欲休乎？"陛楯者皆曰："幸甚^④。"优旃曰："我即呼汝，汝疾应曰诺。"居有顷^⑤，殿上上寿呼万岁。优旃临槛，大呼曰："陛楯郎！"郎曰："诺。"优旃曰："汝虽长^⑥，何益，幸雨立。我虽短也，幸休居。"于是，始皇使陛楯者得半相代。

——《史记·滑稽列传》

【注释】

①倡：歌舞艺人。

②侏儒：身材矮小。

③陛楯者：殿阶下执楯站岗的卫士。陛，台阶。楯（dùn），盾牌。

④幸甚：幸，好；甚，太、非常。

⑤居有顷：不一会儿。

⑥长：高大。

【译文】

优旃是秦国的歌舞艺人，个子非常矮小。他擅长说笑话，然而都能合乎道理。秦始皇曾在宫中设置酒宴，正遇上下雨，宫殿台阶下拿着盾牌站岗的卫士都淋着雨、受着风寒。优旃看见了十分怜惜他们，对他们说："你们想要休息吗？"卫士们都说："非常希望。"优旃说："如果我叫你们，你们要很快地答应我。"过了一会儿，优旃在宫殿上向秦始皇祝酒，高呼万岁。优旃靠近栏杆旁大声喊道："卫士！"卫士答道："在！"优旃笑着说："你们虽然比我要长得高大，但又有什么好处呢？还不是只能站在外面淋雨？我虽长得矮小，却能够在殿内休息。"秦始皇听后，下令留下一半的卫士，让这些卫士轮流休息。

知识拓展

优孟衣冠：比喻假装古人或模仿他人。

例句：梅兰芳之所以唱功出众，这与他小时候在戏班里优孟衣冠的熏陶有很大关系。

在中国古代，言官有向君王进谏的义务。人无完人，皇帝有时候也会犯错误，这时候就需要大臣向君王进献谏言了。但以什么样的方式向君王进谏，怎样才会取得最好的效果，却是特别需要注意的。毕竟，并非所有的人都像海瑞那般幸运，将皇帝骂了个狗血喷头后，还能保全性命。

在所有的进谏方式中，讽谏被认为是一种有着特别效果的方式。讽谏并不是对君王进行挖苦、讽刺，而是以一种比较委婉的方式劝说君王，它的主要"套路"就是先给君王讲一个与自己进谏内容相关的故事，君王在听故事的过程中，基本就会明白进谏人的真实用意。

记录历史上著名的讽谏事例的文章还有《邹忌讽齐王纳谏》，你不妨找来读读，看看邹忌又是怎样通过讽谏使得齐王接受了他的建议的。

第十一章 辅国能臣 汉家儒宗——叔孙通

叔孙通（约公元前245—约前190年），本名叔孙何，字通，薛县人。由于叔孙通所生活的时代政局动荡，他最初居无定所，多次投靠他人，最终归附了刘邦。通晓礼法的叔孙通向刘邦自荐，为刚建立不久的汉朝制定了一套简便易行的礼仪。这些礼仪被汉朝后来的君主沿用。因其在礼法上的作为，司马迁尊称叔孙通为『汉家儒宗』。

一　四易其主，终降刘邦

秦时，叔孙通因知识渊博、擅长写文章被征召入宫，任待诏博士（等待任命为博士。博士在秦汉时是掌管书籍文典、通晓史事的官职）。

几年后，陈胜在大泽乡起义。秦二世召来许多博士、儒生问道："派往楚地守护边地的士兵们在半路造反了，他们已经攻占了蕲（qí）县，到了陈县，你们对这件事有什么看法呢？"

博士以及儒生们走上前去，义正词严地说："聚众造反，这是死罪，万万不能宽恕，希望陛下赶快派出军队，消灭他们。"秦二世听后觉得这并不是自己想要的答案，脸色顿时变得很难看。

这时，叔孙通走上前去，说："这些儒生说得都不对，哪有什么叛乱呢？现在天下已经统一，各个郡县的城池都因为战乱被毁掉，各种兵器也都已经被集中销毁了。何况，现在又有英明的君主管理国家，给各郡县制定了完备的法律，每个国人都遵纪守法，四面八方的臣民都一心归附朝廷，哪里还有敢造反的呢？这只不过是一伙偷鸡摸狗的盗贼罢了，何必将他们放在心上呢？各地的官员们正在大力搜捕，相信不久就可以将他们逮捕治罪了，这实在不值得皇帝您为此担忧啊！"

秦二世听了叔孙通的表述后，转怒为喜，高兴地说："还是先生您说得好啊！"秦二世想知道儒生们是怎么想的，就把每个儒生都问了一遍，这些儒生中有些人仍坚持说陈胜那伙人是造反，也有一些儒生察觉到了皇帝的态度变化，就改口说陈胜那伙人是盗贼。

结果，秦二世对所有儒生们的回答都不满意。那些坚持说是造反的儒生都被治了罪，关进了监狱；那些说是盗贼的儒生也被免掉了官职。那次回答问题的所有人中，只有叔孙通得到了二十匹帛和一套服装的赏赐，并被皇帝赐予了博士的官职。

叔孙通带着丰厚的赏赐走出皇宫后，却并不轻松和开心。通过这件事，他深深地感觉秦二世是一个喜怒无常的皇帝，在这样的皇帝身边，不知道什么时候自己就会因为说错话被治罪，他觉得秦国都城不适合长时间居住，于是仓促之间收拾了一下行李，逃离了都城，来到了薛县。

当时，薛县已经被楚地的军队占领了。等项梁到了薛县后，叔孙通便投靠了他。后来，项梁在定陶战死后，叔孙通又追随了楚怀王。再后来，楚怀王被项羽拜为"义帝"，迁往长沙居住，叔孙通又决定追随项羽。项羽已经是叔孙通离开都城后投奔的第三个人了。

汉高祖二年（公元前205年），刘邦率领大军攻进彭城，叔孙通带着一百多个儒生弟子归降了刘邦，刘邦授予叔孙通博士一职。刘邦被项羽打败后，叔孙通就跟随刘邦一起向西逃亡。虽然叔孙通归顺了刘邦，但刘邦并不喜欢他，因为叔孙通总是穿着一身儒生的服装，看起来没什么真才实学。叔孙通得知后就把儒生的衣服换了下来，穿上了按楚地习俗裁制的短袄。刘邦再次见到叔孙通时，见他终于换了衣服，很是高兴。

当初，叔孙通带领着一百多位儒生投奔刘邦，可是他从来不在刘邦面前推荐这些儒生，反而推荐那些曾经是土匪强盗的人。儒生们都在私下骂叔孙通："我们辛辛苦苦侍奉了先生好几年，还跟他归顺依附了汉王，他却从来不说推荐我们的话，反而常常称赞那些狡诈异常的土匪和强盗，这算怎么回事呢？难道在他心里，我们这些儒生连那些土匪和强盗都不如吗？"

这些话传到叔孙通那里后，他对儒生们说："现在天下未定，正是汉王带领士兵冒着生命危险打仗的时候，难道要你们这些柔弱的读书人上战场杀敌吗？所以，我现在只给他推荐那些可以冲锋陷阵、冒死拼杀的勇士。不是不推荐你们，只是要你们再等一等，放心吧，我是不会忘了你们的。"儒生们这才明白了叔孙通是怎么想的，都羞愧地低下了头。

二　制定礼仪，通晓时务

公元前 202 年，天下统一，汉高祖刘邦在定陶称帝。

新的国家刚刚建立，各种礼仪制度都非常不完备。在一次宴会上，群臣们饮酒作乐，大声地争论功劳的高低，有人喝醉了就在殿内狂呼乱叫，甚至还有人拔出佩剑来砍宴会厅中的立柱，简直无奇不有。刘邦每次看到类似场面都感到非常头疼，但却没有办法。

叔孙通知道刘邦越来越讨厌这样的事情，就对刘邦说："陛下，在过去天下未稳的时候，我们这些读书人没有什么力量帮助您攻打城池，可天下一统后，我们能够帮助您保住辛辛苦苦打下来的江山。我请求陛下允许我到鲁地征召一些儒生，然后让他们和我的弟子们一起制定朝廷上的种种礼仪。礼仪制定后，群臣严格遵守，上下等级森严，就不会再有这样的事情发生了。"

刘邦担心地问："之前我就听说秦朝时的礼仪过于复杂，您要制定的这套礼仪会不会像过去那样复杂呢？"

叔孙通说："在古时候，三王（夏禹、商汤、周武王）和五帝［黄帝、颛顼（zhuān xū）、帝喾（kù）、唐尧、虞舜］都有着不同的礼节。我愿意参照古代的礼节，再与秦朝的礼仪结合起来，尽快制定出一套适合现在的礼节。"

刘邦说："好吧，先生，您可以试着做一下，但一定要让它简单易学，您要考虑到如果礼仪太复杂的话，我做起来也很有难度。"

于是，叔孙通奉命到孔子曾长年生活过的鲁地曲阜一带找到了三十几个儒生，其中有两个儒生不愿意跟随叔孙通走，并对叔孙通嘲讽道："先生，你前后侍奉过的主公有将近十位了吧，这都是靠你巴结奉承、拍马屁才获得他们的宠信的。现在，天下刚刚平定，在战乱中死去的人还来不及埋葬，那些伤残的人还没有恢复，你就要开始制定礼仪了。你不知道制定礼仪那是行善积德很长时间、国家太平、百姓安康时才能考虑的事情，我们不想违心跟你做事。你办的事不合古法，你还是自己去吧，别玷污了我们！"

叔孙通没有生气，反而笑着说："你们这两个儒生真是目光短浅啊，一点也不懂得时代的变化。"

于是，叔孙通就和其他三十个儒生一起向西来到都城，他们和皇帝的侍从以及叔孙通的弟子一起，每天演练叔孙通制定出来的礼仪。就这样演练了一个多月后，叔孙通对刘邦说："陛下，您可以来视察一下了。"

一天，刘邦过来视察，他让参加演练的人向自己行礼。在看完众人的行礼后，他高兴地说："非常好！这些礼仪简单易行，我做也没有问题。"随后便下令让所有的大臣都来学习。

汉高祖七年（公元前 200 年），长乐宫建成，各地的诸侯王及朝廷内的大臣都来朝拜皇帝，参加岁首大典（一年开始时皇宫内的重要仪式）。整套礼仪十分严肃，典礼进行得也非常顺利，所有官员都因这威严的仪式而感到诚惶诚恐（非常小心甚至达到害怕不安的程度）。

等到仪式完毕，又按照礼法摆设酒宴。诸侯和百官们坐在大殿上都低着头，别说大声说话了，连呼吸都是小心翼翼的。他们按照尊卑的顺序，一一站起身来向皇帝敬酒。等到礼仪官宣布宴会结束时，如果哪一个人的做法不符合礼仪规定，负责监察的官员就会将他带走。

从朝见皇帝到宴会结束，没有一个人敢大声说话，也几乎没有人行为不恰当，这与之前有着巨大的差别。大典完毕之后，刘邦非常得意地说："我现在才知道当皇帝原来是这样尊贵的呀！"高兴之余，刘邦授予叔孙通太常的官职，并赏赐给他黄金五百斤。

此时，叔孙通看皇帝高兴，便趁机向皇帝进言说："陛下，我的那些弟子和儒生们跟随我很长时间了。在我制定朝廷的各项礼仪的过程中，他们也帮了我很大的忙，希望陛下也能授给他们官职，让他们

▲明·刘俊《汉殿论功图》

汉朝初立，功臣在殿上争功邀赏，以致拔剑砍殿柱。因此，叔孙通说服汉高祖召集鲁地诸生制定朝仪

得以报效国家。"于是，刘邦下令让他们都做了郎官。

叔孙通出宫后，没有把皇帝赏赐给的五百斤黄金据为己有，而是将这些赏赐都分赠给儒生们了。这些儒生都高兴地说："叔孙先生真是大圣人，他能把握住形势，见机行事！"但他们想到以前对叔孙通的怨言，不禁又都羞愧地低下了头。

三　劝诫高祖，力保立嫡

汉高祖九年（公元前 198 年），叔孙通得到皇帝的重用，被任命为太子太傅。

汉高祖十二年（公元前 195 年），刘邦想要废掉太子刘盈，立宠妃戚夫人的儿子刘如意为太子。叔孙通听说后，忙向皇帝进言道："从前，晋献公因为宠幸骊姬，废掉了之前的太子，立了奚齐为新太子。结果呢，晋国因此大乱几十年，从而被天下人耻笑。秦始皇因为不早早确定扶苏做太子，结果让赵高这样的奸臣钻了空子，伪造遗嘱将扶苏的弟弟胡亥立为继承人，最终导致秦王朝很快就灭亡了。如果不轻易改变继承人或者早点确定继承人，哪还会有这样的问题呢？这都是摆在您面前血淋淋的事实啊！而今，太子刘盈仁义忠孝，这是天下的臣民都知道的；太子的母亲吕后与陛下又一同经历了很多艰难困苦，是患难与共的夫妻，陛下又怎么能够背弃她呢？陛下，您一定要废掉嫡子而立您的小儿子为太子的话，我宁愿现在就死在您的面前！"

刘邦听完叔孙通的陈述后，惭愧地说："先生，您不必如此，我只不过是随便说说罢了。"

叔孙通接着说："太子是一个国家的根本、天下的根基，根一动摇，整个天下就会随之动摇起来。陛下您怎么能拿天下的根基这样的事情开玩笑呢？"

刘邦只好说："好吧好吧，先生，我听您的，以后再也不谈换立太子的事情了。"

后来，有一次刘邦设宴款待宾客时，在宴席上看到四位有名的隐士都恭敬地跟随太子进宫拜见，知道太子原来真的很受大臣们的拥戴，这才彻底打消了更换太子的想法。

四　鞠躬尽瘁，辅佐惠帝

公元前 195 年，汉高祖刘邦病重去世。刘盈即位，就是后来的汉惠帝。

汉惠帝对叔孙通说："不少大臣说他们还不会朝拜和祭祀先帝陵墓、宗庙的礼仪。"他再次任命叔孙通为太常，让叔孙通制定了宗庙的礼仪和法规。此后，叔孙通又陆续制定了汉朝其他的很多礼仪制度。总之，汉朝初期使用的各种礼法，基本上都是在叔孙通担任太常这一官职的时候制定的。

汉惠帝需要经常到长乐宫去朝拜母亲吕太后。每次出行时，随从们都要开路清道，很是烦扰行人。汉惠帝也知道此事，就下令在道路的上方修了一座天桥。

叔孙通在向汉惠帝汇报工作的时候，趁机对汉惠帝说："陛下，您怎能在高祖的陵寝与祭祀祖宗的地方修建一座天桥呢？一旦修建好了这座天桥，每当您参加祭祀活动时，就要从天桥下经过，这实在是不敬重祖先的行为啊！"

汉惠帝听后手足无措，忙说："那我赶快毁掉它吧！"

叔孙通说："身为一国的君主，言出必行，是不能有错误的举动的。现在这座天桥已经快要建成了，百姓们也都知道了这件事。如果现在又要毁掉这座天桥，那不就等于向天下人表示君主做错事了吗？这样有损皇家的威严。臣希望陛下在渭水北面另建设一座一样的祠庙，在那座祠庙中祭拜祖先，这样既维护了您的尊严，又表明了您的孝心。"汉惠帝立即采纳了叔孙通的建议，另修建了一座祠庙。

叔孙通在乱世之中能够仔细研究并估计时势的特点和变化，敏锐地把握稍纵即逝的机会，这是他能够有所作为的关键。他所制定的礼法简明易行，有助于进一步加强皇权，因而受到刘邦的肯定，并被汉王朝之后的皇帝继续采用。这也是为什么司马迁会尊称叔孙通为"汉家儒宗"的原因。此外，这些礼法对之后的封建王朝的礼法发展也有着深远的影响。

原典精选

于是叔孙通使征^①鲁诸生三十余人。鲁有两生不肯行，曰："公所事^②者且^③十主，皆面谀^④以得亲贵。今天下初定，死者未葬，伤者未起^⑤，又欲起礼乐。礼乐所由起，积德百年而后可兴也。吾不忍为公所为。公所为不合古，吾不行。公往矣，无污^⑥我！"叔孙通笑曰："若真鄙^⑦儒也，不知时变。"

——《史记·刘敬叔孙通列传》

【注释】

① 征（zhēng）：征召。

② 事：侍奉。

③ 且：将近。

④ 谀（yú）：奉承。

⑤ 起：恢复。

⑥ 污：玷污。

⑦ 鄙：目光短浅。

【译文】

于是叔孙通奉命到孔子曾长年生活过的鲁地曲阜一带找到了三十几个儒生。其中有两个儒生不愿意跟随叔孙通走，并对叔孙通嘲讽道："先生，你前后侍奉过的主公有将近十位了吧，这都是靠你巴结奉承、拍马屁才获得他们的宠信的。现在天下刚刚平定，在战乱中死去的人还来不及埋葬，那些伤残的人还没有恢复，你就要开始制定礼仪了。你不知道制定礼仪那是行善积德很长时间、国家太平、百姓安康时才能考虑的事情，我们不想违心跟你做事。你办的事不合古法，你还是自己去吧，别玷污了我们！"

叔孙通笑着说："你们这两个儒生真是目光短浅啊，一点也不懂得时代的变化。"

知识拓展

不足挂齿：不足，不值得；挂齿，放在嘴上讲。不值得放在嘴上讲，意为不值得一提。

例句：区区小事，不足挂齿，您不必如此感谢我。

后世对叔孙通的所作所为有着不同看法。司马迁在《史记》中称赞叔孙通懂得根据时代的变化而调整自己，为了汉代礼仪规定的建立而不过分在意小的细节，称叔孙通为"汉家儒宗"。司马迁对叔孙通给予了很高的评价。

约一千两百年后，我国另一位史学家司马光对叔孙通的行为进行了另一种评价，他指责叔孙通根据汉高祖刘邦的需求制定礼乐，只图一时的功劳，造成汉代之前的某些古礼没有保存下来。此外，司马光又认为叔孙通让汉惠帝另建一座一样的宗庙是在教导汉惠帝掩饰过错，不是一位忠臣应该做的事。

你认为司马光说的对吗？你该怎样回应司马光的说法？

第十二章 以辩立功 不慕名利——鲁仲连

鲁仲连（约公元前305—约前245年），战国末期齐国人，是我国历史上著名的平民思想家、辩论家。他曾舌战辩士田巴，使得田巴无地自容。在秦军围困赵国都城邯郸的危急关头，鲁仲连不畏强秦，游说魏将，最终解除邯郸之围。齐、燕两国交战时，他以一封书信便使得驻守聊城的燕将自杀。

一 舌战田巴，辩才初现

史书上说鲁仲连在年少时就有让人惊异的才华，人称"千里驹"。鲁仲连曾拜当时著名学者徐劫为老师，认真刻苦地学习辩论的本领，很受老师徐劫的喜爱。

当时，齐国有个叫田巴的辩士。据说，田巴的辩论技术很高，能以三寸不烂之舌将历史上的三皇五帝、春秋五霸说得一文不值。可就是这样一个天下数一数二的辩论高手，却遇到了当时只有十二岁的鲁仲连的挑战。

有一天，鲁仲连对他的老师徐劫说："老师，田巴所辩论的这些内容都是一些不切实际的、奇怪的言论，对这个社会也没有什么帮助，他有什么了不起呢？请老师您抽时间带我去见见他，我要与他辩论一次，也好让他知道天外有天、人外有人，免得他把谁都不放在眼里，傲慢自大！"

徐劫对他说："这可使不得啊，如果你输了，连我的名声也会受到影响。"

鲁仲连却信心满满地说："老师您不必担心，我自有对付他的办法！"

徐劫见拗不过鲁仲连，第二天便带他去拜访田巴。田巴也久闻徐劫有个叫鲁仲连的学生，辩才很高，很早就想会上一会，见徐劫带着鲁仲连专程前来，急忙迎出。

徐劫拉着鲁仲连的手，对田巴介绍道："这是我的学生鲁仲连，今年十二岁。他久闻您的大名，今日特来向您请教！"

田巴对鲁仲连说："你小小年纪，就被人称为'千里驹'，我也想见识一下你的本领。今日你来找我，有什么话要和我说吗？"

鲁仲连说："我听说先生的辩论本领极高，我们国家没有谁能够比得上您的。不过我有一件事情不明白，特意来向您请教。现在楚军在我国南阳一带，来势凶猛，想要攻占我们的土地；我国的高唐地区也遭到了赵国的进攻，情况十分紧急；聊城又被十万燕军团团围住，形势更是危急。不知先生可想过什么击退敌人的方法？"

田巴想了很久，难为情地说："没有。"

鲁仲连看到田巴这样，就不客气地说道："您作为一个辩论名家，在自己国家遭受侵犯的时候，却想不出击退敌人的计谋；在国民处于危难的时候，却提不出抚慰百姓的策略。那么，就算您辩论的才能再高，又有什么用呢？"

田巴觉得鲁仲连说得有道理，很是惭愧，低着头什么话也说不出来。

鲁仲连又接着说："我曾经听别人说，任何事情都有个轻重缓急。现在我们的国家面临危难，您却一点办法也没有，却还到处炫耀自己的三寸不烂之舌。别人当着您的面可能不会说什么，可当您走开了之后，人人都在骂您啊！我年龄虽小，但我认为作为一个真正的辩才，应该为国家所着急的事情而担忧，时刻将百姓所考虑的问题放在心上，多解决点实际问题，少说点没有价值的空话。我劝您今后少开口为好。"

田巴听到这里，更是觉得无地自容，满脸通红地说："你说得很有道理，很有道理！"

从此，田巴闭门谢客，终生不再辩论。

二　秦军东进，邯郸危急

赵孝成王时，秦国将领白起带领秦军在长平打败了赵国的四十万军队。后来，秦国大军又向东挺进，将赵国的国都邯郸团团围困。虽然有一些国家派出军队前来救援，但都不敢轻举妄动。

魏王派将军新垣衍从隐蔽的小路进入邯郸，通过平原君赵胜见到赵王说："秦昭王之所以派军队围攻赵国，并不是想要攻占邯郸，他是想要当皇帝。如果赵国能派遣使臣到秦国，尊奉秦昭王为皇帝，秦王一定会很高兴，相信他马上就会将大军撤走的。"赵王和平原君商量了很久，犹豫不决。

当时，鲁仲连恰好在赵国游历。听说魏国使臣想要让赵国尊奉秦昭王称帝，就去问平原君："大人，您在这件事情上是怎么考虑的呢？"

平原君说："先生啊，我现在哪还敢谈论这样的国家大事！就在前不久，我们赵国在与秦国的战争中已经损失了四十万大军，现在秦军又围困了我国的国都邯郸。魏王派使臣新垣衍来劝说赵王，想要让他尊奉秦昭王为皇帝，现在新垣衍还在邯郸没走，我又能有什么办法呢！"

鲁仲连说："以前我认为您是天下难得一见的贤明公子，今天才知道您并非如此。新垣衍在哪儿呢？我去会一会他，劝他早点离开。"平原君就将鲁仲连引荐给了新垣衍。

三　游说魏将，义不帝秦

让人奇怪的是，鲁仲连见到新垣衍后却一句话也不说。

最后，还是魏国将军新垣衍先开口说话了，他说："我看现在留在邯郸城中还没离开的人，大都是有事要向平原君求助的，先生您不像是有求于平原君的人，为什么还要留在邯郸，不赶快离开呢？"

鲁仲连说："世上的人都认为鲍焦（周朝时期的隐士，因对当时的社会不满，躲入山林后死去）是因没有宽广的胸怀才死的，认为他只是为自己打算，却不了解他只是不愿意生活在这浑浊的世界。你也知道，秦国是个抛弃了礼仪而只崇尚武力的国家，统治者把士兵和百姓当奴隶一样使唤。如果让秦王轻而易举地称帝，继而统治天下，真到那个时候，我鲁仲连宁愿跳入东海，也不愿意去做秦国统治下的民众！我之所以留在邯郸没有离开，并选择来见您，就是打算帮助赵国脱困。"

新垣衍问道："现在秦国对赵国势在必得，先生您打算怎样帮助赵国呢？"

鲁仲连说："齐、楚这两个国家本就在帮助赵国，只是害怕秦军攻打他们而没有向秦军开战，我想要劝说魏国和燕国一起帮助赵国。几个国家联合起来的话，就不怕秦军了。"

新垣衍说："我相信凭借您的口才，燕王最终会听从您的建议而帮助赵国的，但我就是魏王派来劝说赵王的，先生您怎么能让魏王改变主意去帮助赵国呢？"

鲁仲连说："魏国之所以没有帮助赵国，是因为魏王还没有真正看清秦王称帝后的危害。如果魏王看清秦王称帝后的危害，他就一定会选择帮助赵国的。"

后来，鲁仲连以之前齐威王率领天下诸侯朝见周天子的故事，向新垣衍说明尊奉秦王为帝的危害，并表示如果向秦王示弱的话，是不会有好下场的。鲁仲连接着又说道："如果秦王称帝，那么，秦王就有权力更换其他国家的大臣。他会罢免认为对他不忠心的人，换上他认为对他忠诚的人；他也会罢免那些他讨厌的人，换上他喜欢、与他亲近的人。他还要让他的儿女和那些搬弄是非的姬妾嫁给各个诸侯，住在魏国的宫廷里监视魏国。您说，到那个时候，魏王还能安然地生活吗？将军您又怎么保证还会像现在这样得到魏王的宠信呢？"

新垣衍站起身来，向鲁仲连连拜两次说："起初，我认为先生不过是个普通的人，我现在才知道您当真是天下难得一见的人才。请您放心，我会即刻离开赵国返回魏国，劝说魏王不再尊奉秦王称帝。"

统率秦国军队的将军听说这件事后，担心实力相当的魏国会派军队来袭，就把军队后撤了五十里。又恰逢魏国公子信陵君无忌率领军队来援救赵国，秦军四面受敌，只好撤离了邯郸，邯郸之围得以解除。

平原君想要赏赐鲁仲连，鲁仲连却再三辞让，不肯接受。平原君只好不再提赏赐的事情，设宴款待鲁仲连。当喝酒喝到畅快时，平原君向鲁仲连献上千金表示感谢。鲁仲连笑着说："那些杰出的人才之所以被天下人所仰慕，是因为他们能为别人排除危难而不收取报酬。如果收取报酬才去做一些事，就成了商人的做法了，我鲁仲连是不愿意那样做的。"于是，鲁仲连辞别平原君，之后与平原君再也不曾相见。

四　攻心为上，一书下城

二十余年后，齐国军队攻打被燕国军队占领的聊城。一年多下来，齐国的士兵伤亡了很多，却始终没有攻下聊城。燕国军队的日子也不好过，但将军乐英害怕回燕国后被杀，就只能坚守聊城，死战不降。两军僵持不下，难分胜负。

看到这种情况，鲁仲连想要做点什么。他写了一封信，系在箭上射进城中，上面写着让乐英将军查看。鲁仲连在信中写道："将军，我听说明智的人从来不会错过行动的最佳时机，勇敢的人也不会因畏惧死亡而埋没名声，忠臣从不会先考虑自己然后才考虑国君。现在您这样做，在我看来只不过是为了发泄心中一时的不平之气，丝毫没有考虑到燕王，这是不忠诚；如果您战死了，丢了聊城，您的威名不能在齐国传播，这是不勇猛；无法建立功业，名声不能远播，后人没有什么可称赞您的，这是不明智。现在已经到了是生还是死、是富贵还是贫穷、是尊贵还是卑贱的关键时刻，如果您还是不能决断，现在的机会是不会再回来的，希望您详加考虑，不要在乎别人的看法！"

鲁仲连在信中还对乐英坚守聊城的行为表示敬佩，但他在信中也表明了齐国上下集全国之力攻打聊城的决心。鲁仲连劝说乐英不如保全实力回燕国去，如果担心回到燕国会被杀害，也可向齐国投降，齐国国君会对他进行赏赐，许诺给他荣华富贵。而此时，燕国军队在其他地方连打了几场败仗，士气低迷，军心不稳，乐英也认为继续长时间据守聊城不是长久之计。

乐英读完鲁仲连的信后，哭了好几天，还是犹豫不决。他想要回到燕国，但燕王已对他产生了怀疑，回去很可能会被杀；想要投降齐国，但他统率的燕军杀死和俘虏的齐国人实在太多了，投降齐国后自己就算不会被杀，恐怕也会被齐人侮辱。反复想了很久后，乐英长长地叹了一口气说：“与其让别人杀死我、侮辱我，还不如自杀呢，这样我还能有一个体面一些的结局。”

乐英自杀后，聊城中的燕军群龙无首，顿时大乱。于是，齐国军队趁机占领了聊城。

齐国将军田单回到都城后，向齐王报告了鲁仲连仅用一封信便让燕国将军自杀的事。齐王听后非常高兴，想要给鲁仲连爵位。鲁仲连听到这个消息后，马上逃到了海边隐居起来，他说：“虽然富贵是每个人都想要得到的，但一想到要弯腰侍奉别人，还不如自由自在更能让我感到畅快啊！”

历史上有辩才的人不在少数，鲁仲连便是其中翘楚，李白在《赠崔郎中宗之》等多首诗中对鲁仲连予以称赞。鲁仲连与一般辩士的不同在于他并不是只逞口舌之快，而是一切从实际出发，将自己的辩才与国家的命运联系在一起，并能够做到弃金钱如粪土，视富贵如浮云，真是难能可贵。

原典精选

曹子①为鲁将，三②战三北③，而亡④地五百里。乡使⑤曹子计不反顾，议不还踵⑥，刎颈而死，则亦名不免为败军禽⑦将矣。曹子弃三北之耻，而退与鲁君计。桓公朝天下，会诸侯，曹子以一剑之任，枝桓公之心于坛坫之上，颜色⑧不变，辞气不悖⑨，三战之所亡一朝而复之，天下震动，诸侯惊骇，威加⑩吴、越。

——《史记·鲁仲连邹阳列传》

【注释】

① 曹子：曹昧。

② 三：多次。

③ 北：原指打了败仗往回逃，后统指战败。

④ 亡：丢失。

⑤ 乡使：同"向使"，假如，假使。

⑥ 不还踵（zhǒng）：踵，脚后跟；还踵，转身；不还踵，来不及转身，表示时间极快。

⑦ 禽：同"擒"，擒获。

⑧ 颜色：脸色。

⑨ 悖（bèi）：违背，违反，相冲突。

⑩ 加：凌驾。

【译文】

　　曹沬是鲁国的将领，他多次打仗，但多次失败，丢掉了鲁国五百里的土地。当初，如果曹沬不反复考虑，立刻自杀的话，那么，也不免会被敌军擒住成为败军之将。曹沬不顾多次战败的耻辱，选择回来和鲁国的国君商议。趁着齐桓公会见天下诸侯的机会，曹沬手持一把短剑，在会盟的地方用剑抵住桓公的心脏，脸色不变地威胁齐桓公将占领的鲁国土地退还给鲁国，使天下震动。诸侯们都非常惊讶和害怕，鲁国的威名凌驾于吴国和越国之上。

知识拓展

排难解纷：原指为人排除危难，解决纠纷。今指调停双方争执。

例句：李大爷善于排难解纷，街坊邻居有什么争执，往往都会找他出面解决。

鲁仲连的一封书信让燕将心生绝望，燕将哭泣三日后自杀而死。这样一书退敌的军事奇迹充分体现出鲁仲连的军事智慧与论辩天赋。

"燕将书"后来成了一个特有的名词，特指劝归或劝降的书信。如唐代杜甫《收京》诗之一："暂屈汾阳驾，聊飞燕将书。"

第十三章　二出西域　漠海凿空——张骞

张骞（约公元前164—前114年），字子文，西汉时期汉中郡城固县人。汉代杰出的外交家、旅行家、探险家。张骞曾奉汉武帝之命，率领一百多人出使西域，不畏艰险，打通了汉朝通往西域的南北道路，汉武帝以军功封其为博望侯。

一 匈奴扰边，张骞揭榜

西汉时期，北方边境的匈奴人不断骚扰汉地。匈奴问题一直得不到解决，这让汉武帝很是困扰。

有一次，汉武帝从一个投降的匈奴人那里听说，匈奴人攻打了月氏（yuè zhī，居于河西走廊、祁连山的古代游牧民族建立的国家）并杀害了月氏王，竟还用月氏王的头骨制成的容器喝酒。因此，打了败仗的月氏人对匈奴人十分仇恨，不时想要复仇，但一直为没有强大的盟友而苦恼。

汉武帝和大臣们商议后，决定联合月氏共同抗击匈奴，因此准备派使者与月氏进行联系。要想到达月氏人居住的地方，必定要经过匈奴的地盘。当时，匈奴和汉朝势不两立，是绝不可能准许汉朝使臣从他们的地盘经过的，使臣一旦被匈奴人抓住就会有生命危险。

汉武帝知道这是一项十分艰难的任务，他便在朝堂之上询问大臣们："众位爱卿，你们中谁能替我分忧呢？归来之后，我必定封他高官，并赏赐给他很多钱财！"可是，大臣们深知其中的危险，个个低头不语，谁也不敢答应这个差事。

朝廷只得张贴公告，招募有能力可以出任使者的勇士。当时担任郎官的张骞揭下了公告，面见了皇帝。一番交谈之后，汉武帝感受到张骞能言善辩且有着坚忍意志，当即将使者的符节授予了张骞，派他出使西域。

二　首出西域，被扣多年

建元二年（公元前 139 年），张骞和其他一百多人从陇西出发了。尽管张骞等人一路上小心翼翼，但刚出发没多久，在经过匈奴占领的地区时，他们还是被匈奴士兵发现了。使团上下全都做了匈奴人的俘虏，没有一人逃脱。之后，他们被移送给匈奴的首领单于。

单于对张骞说："月氏在我们的北边，汉朝的使者怎么能够穿过我们的土地过去呢？如果我们要派使者去南越，汉朝能允许我们的使者通过吗？"

于是，匈奴就把张骞等人扣下了。这一扣就是十多年。在此期间，张骞在匈奴不仅娶了妻子，还有了孩子，但是张骞一直保存着汉朝使者的符节，希望有一天可以逃回汉朝。

张骞在匈奴的时间久了，无论说话还是做事几乎跟匈奴人一样，匈奴人就逐渐放松了对张骞的监管。张骞偷偷找到他的随从，和他们一起商量逃跑的事情。有一天，趁着匈奴人没有防备，张骞和他的随从跳上马逃走了。他们就这样一直马不停蹄地跑，历尽千辛万苦，终于逃出了匈奴，来到一个叫大宛（yuān）的国家。

大宛紧挨着匈奴，当地人能听懂匈奴话。张骞用匈奴话与大宛人说明他们的情况，大宛人便带他们去见大宛王。大宛王早就听说在遥远的东方有个汉王朝，它地大物博、强大富有，非常让人向往。如今听说大汉的使者来了，非常高兴地接见了他们，大宛王见到张骞后问道："您为什么会来到我们国家啊？"

张骞说："我代表大汉出使月氏，中途不幸被匈奴人扣留，如今好不容易逃出匈奴，希望大王能够派人护送我们去月氏。如果能够顺利到达，我们返回大汉后，一定请求我们的皇帝赠送给您数不尽的金银珠宝。"大宛王听后非常心动，于是派人护送张骞他们去了月氏。

张骞见到月氏王后，表明了他的来意，也表达了汉朝愿意与月氏联合起来攻打匈奴的意愿。可此时月氏的新国王早已不想复仇了，这

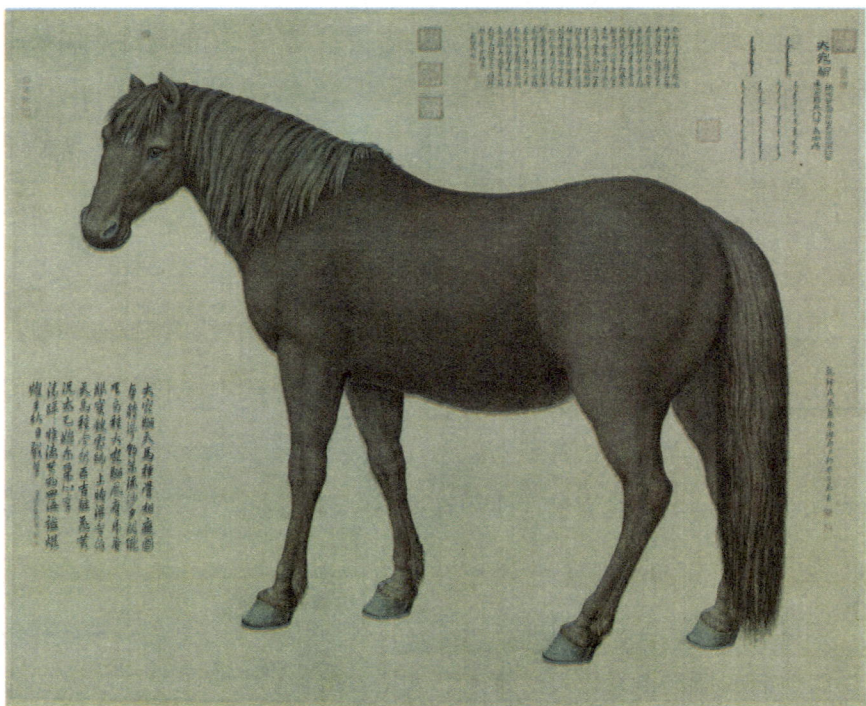

▲清·郎世宁《十骏图》之《大宛骝》

位新国王已经把大夏国征服，并在那里定居下来。大夏土地肥美，物产丰富，又远离匈奴，生活安逸快乐，月氏王根本不想再找匈奴报仇。因此，月氏王并没有接受张骞提出的共同抗击匈奴的建议，只是很有礼貌地接待了张骞等人。

张骞等人在月氏国居住了一年多，最终也没能说服月氏王联合汉朝攻打匈奴。张骞想着自己已经离开国家很久了，便决定先返回长安，向皇帝禀告这些年发生的事。但不幸的是，张骞等人在返回长安的途中第二次被匈奴人抓住。这一次，他们在匈奴又住了一年多。后来，匈奴首领单于死了，单于的几个儿子为争夺王位，引起大乱，张骞这才趁机与妻子以及其他人一起逃回了汉地。

三　随军作战，沦落平民

回到长安后，张骞把自己这些年的所见所闻都一一向汉武帝作了报告，并请求再次出使西域。汉武帝听说大宛和大夏、安息等国都是西域很有实力的国家，有着各种奇珍异宝，又听说月氏和康居等国家也都非常想跟汉朝来往，他心里非常高兴。于是，汉武帝希望西域的这些国家可以归附汉朝，这样汉朝就能再向西扩展出上万里的土地。想到这里，汉武帝便决定再一次派张骞为使者。这一次，使团成员分为四路人马，从西南方的蜀地出发。非常遗憾的是，这几路人马最终都没有如愿到达月氏、康居等国。

后来，张骞跟随大将军卫青去攻打匈奴。因为张骞在匈奴多年，非常了解匈奴境内的地理环境，知道哪里有水草，所以军队总能得到补给，汉武帝就封张骞为博望侯。再之后，张骞当了卫尉，又和李广将军一同去攻打匈奴。但由于张骞耽误了与李将军原本约定的时间，导致汉军遭到了匈奴军的重创，张骞因此也被判了死刑。根据汉朝当时的法律，一个人被判处死刑后，可以花钱免除罪过，张骞通过这种方式免了罪过，但沦为平民百姓。再后来，汉朝将军霍去病率领军队击败了匈奴，把匈奴军赶到了沙漠以北。经过这场战争后，匈奴各部元气大伤，甚至有一些匈奴部落投降了汉朝。趁此机会，汉武帝决定第三次派遣张骞出使西域，希望能够彻底消除匈奴这一威胁。

四　二出西域，成就丝路

元狩四年（公元前119年），汉武帝任命张骞为中郎将，让他率领三百勇士，带着六百匹马、几万头牛羊，携带着黄金、丝绸等贵重礼物再次出使西域。

张骞到达乌孙国后，乌孙国的国王昆莫亲自出来迎接，并采用接待匈奴单于的礼节接见了张骞。

张骞向乌孙国国王说明了他本次出使的目的，说："如果乌孙国能向东迁移到浑邪（yé）王（原匈奴王）的部落原来居住的地方去，那么汉朝将选派一位诸侯的女儿嫁给您。"

当时，乌孙国开始分裂，国力不像之前那么强大，国王也已年老，再加上乌孙国远离汉朝但距离匈奴近，实际上并不了解汉朝的实力。因此，乌孙国的大臣们都惧怕匈奴而不想迁移，国王也没敢作出迁移的决定。

张骞决定在乌孙国再多停留一些时日。他派出副使，让他们带着丰厚的礼物分别出使了西域的大宛、康居、大月氏、大夏、安息、身毒等国家。许多人去了很长时间都没有回来，张骞决定不再等下去了。乌孙国王提出愿意派一些使者和翻译跟随使团一起去汉地。乌孙国王之所以这样做，除了护送张骞，还有另外一个目的，就是希望借此机会到长安打探，了解一下汉朝的实力。张骞等人回到长安后，汉武帝很高兴，热情款待了乌孙国的使者，并任命张骞为大行令。

汉武帝元鼎三年（公元前 114 年），张骞病逝于长安，后埋葬在汉中的老家。

一年多后，张骞当初派遣到西域各国的部下都陆续回来了，他们前后联络到了西域的三十六个国家。从那以后，西域各国和中原汉王朝有了更为密切的交往，往来商人络绎不绝，成了一个整体。因为中国产的很多丝绸通过张骞走过的路运往西域甚至欧洲等国，后来这条贸易通道就被称为"丝绸之路"。

张骞是陆上"丝绸之路"的开拓者，也被誉为"第一个睁开眼睛看世界的中国人""东方的哥伦布"，但张骞出使西域要比哥伦布远航早了将近一千六百年。

▲敦煌壁画《张骞出使西域图》

原典精选

乌孙使既见汉人众富厚，归报其国，其国乃益①重②汉。其后岁余③，骞所遣使通大夏之属者皆颇与其人俱来，于是西北国始通于汉矣。然张骞凿空④，其后使往者皆称博望侯，以为质⑤于外国，外国由此信之。

——《史记·大宛列传》

【注释】

①益：更加。

②重：看重，重视。

③岁余：一年多。

④凿空：就是开通的意思，这里指建立了汉与西域各国的联系。

⑤质：信物。

【译文】

乌孙国的使者看到汉朝人口众多且国力强盛，回去报告给了乌孙国王，于是乌孙国更加重视汉朝。一年多后，张骞派去大夏等国的使者也陆续回到了汉朝。由此，西域各国开始和汉朝有了密切的交往。这种关系的建立是由张骞开创的，以后前往西域各国的使者都被称作"博望侯"，以此来取信于外国，外国对汉朝使者也因此更加信任。

知识拓展

不得要领："要"，即腰，指衣服的腰部；"领"指衣领。"要领"比喻说话或者文章的关键信息。现在一般来表示说话、写文章抓不住要点或关键。

例句：这篇文章我反复看了好几遍，还是一头雾水，不得要领。

张骞出使西域时，将西域各国的很多种瓜果蔬菜以及其他植物带回了中原。汉代时统称西域生活的人为胡人，因此，这些被带回到中原的东西取名时往往也会加个"胡"字，比如胡麻、胡椒、胡瓜（黄瓜）、胡豆（蚕豆）、胡桃（核桃）等。当然张骞也带回来一些名字中不含"胡"字的东西，如石榴、苜蓿（mù xu）、无花果等。如果没有张骞出使西域，我们的餐桌上估计要少很多种瓜果蔬菜呢！

第十四章 含辱明志 史家绝唱——司马迁

司马迁（约公元前145—约公元前90年），字子长，西汉时期夏阳人。他是中国历史上伟大的史学家、文学家、思想家。司马迁继承父业，任太史令。后因为李陵战败投降一事辩解，触怒汉武帝而受宫刑。司马迁忍辱负重完成了中国第一部纪传体史书《史记》。

一 读万卷书，行万里路

司马迁生于史官家庭，他的父亲司马谈曾任汉朝的太史令一职，是一位学识渊博的人。

司马迁在年幼时，就在父亲司马谈的指导下学习写字、阅读典籍。司马迁十岁时，就能阅读和背诵古文，稍稍长大一些后，已经在学业上很有成就，但他认识到只读书是不够的。于是，司马迁在二十岁的时候开始游历天下，拜访老人，探寻古时候的事，考察各地名胜古迹及风俗民情。他通过搜集历史资料，获得了典籍中所没有的大量史料，这为以后编撰史书打下了很好的基础。

二 子承父业，修史著书

司马迁结束游历后回到家乡，被任命郎中一职，奉命出使西南巴蜀之地。尽管在出使的过程中历经了千辛万苦，司马迁最终还是尽职尽责地完成了任务。

听说父亲司马谈病重的消息后，完成了出使任务的司马迁快马加鞭地赶往洛阳，去见生命垂危的父亲。此时的司马谈已卧病在床多日，只剩下一口气了。父子相见，痛哭流涕。

司马谈拉着司马迁的手，郑重地嘱咐司马迁："我们的祖先就是周朝的史官，曾经取得过盛大的功名，难道到我这里，我们家族的名声就要断送了吗？我死后，你一定要继任太史令一职，这样就能继续完成家族为国家编撰历史的事业了。你做了太史令后，一定不要忘记我一直想要撰写的史书，一定要完成史书，扬名后世。我说的这些话你可都要记在心里，万万不可忘记啊！"

司马迁流着泪说："父亲，我知道了，我虽然不够聪慧，但我一定会听从父亲您的嘱咐，不敢有一丁点的松懈。"

后来，司马迁继承父业，担任了太史令一职。

三　天降横祸，惨遭宫刑

天汉二年（公元前99年），正当司马迁专心撰写史书的时候，名震一时的"李陵事件"发生了。

李陵是"飞将军"李广的孙子，他也是一位将军，曾带领汉军与匈奴士兵作战。有一次，经过八昼夜的战斗，李陵率领的一支汉军斩杀了一万多匈奴士兵。但由于一直得不到主力部队的增援，汉军最终战败，李陵也不幸被俘。李陵被俘虏后，他选择向匈奴投降。李陵打了败仗还向匈奴投降的消息传到汉朝后，震惊朝野。汉武帝听后非常生气，群臣在朝堂之上也都纷纷指责李陵的罪过。当时，只有司马迁站出来为朋友李陵辩护："李陵将军面对比汉军人数多出几倍的敌军，仍带领士兵浴血奋战，杀敌无数。虽然他在打了败仗后向敌人投降是不对的，但基本上功劳和过错可以抵消，希望陛下能够网开一面，宽恕李陵将军的罪过。"

盛怒之下的汉武帝根本听不进劝告，司马迁的这番话更是火上浇油。汉武帝生气地说："你这样为投降敌人的叛徒辩解开脱，是不是和李陵一样存心对抗朝廷？"一声令下，司马迁被打入大牢。司马迁在牢中受尽了来自身体和精神上的种种折磨，但他认为自己并没有做错什么，所以毫不屈服。

不久，传闻李陵在匈奴训练匈奴兵，又传闻这些由李陵训练的匈奴士兵将要攻打汉军。汉武帝听说后信以为真，一气之下处死了李陵的母亲、妻子和儿子。连为李陵辩解的司马迁也受到了牵连，被判处死刑。

按照当时汉朝的法律，被判处死刑的人如果想要免除死刑的话，要么交一笔大额的赎金，要么接受宫刑。对于男子，特别是对于读书人来说，接受宫刑真的是一个奇耻大辱。

司马迁家境贫寒，拿不出钱赎罪。每当他想要一死了之的时候，想到父亲临终前的嘱托，他就无比难过。况且，自己满腹才华还没有施展，司马迁也很不甘心就这样了断自己的性命。经过一番痛苦的心理煎熬，司马迁终于想通了，他决定忍辱负重，接受宫刑。他心中发誓（shì）一定要完成一部可以传之后世的史书，那是他和父亲共同的心愿。

▲陕西韩城司马迁塑像

四　忍辱负重，终成巨著

司马迁在遭受了宫刑之后，情绪非常低落。很多乡亲都嘲笑他，羞辱他贪生怕死，辱没了家族名声，甚至连他的朋友也无法理解，渐渐与他疏远。司马迁整日坐在家中，精神恍惚，好像丢了魂儿似的。

当身体上的创伤恢复了一些后，司马迁再次想到了父亲临终前的嘱托，他决定放下自己的悲痛和屈辱，不再去想别人的指责，将自己的主要精力都放在编撰史书这件正事上面。司马迁从公元前104年开始，前后用了十多年的时间，到公元前91年，终于完成了一部空前伟大的历史巨著——《太史公书》，后人又称之为《史记》。

《史记》是我国历史上第一部纪传体史书，全书共一百三十篇，有五十二万多字。这本书记载了从上古传说中的黄帝到汉武帝元狩元年（公元前122年）长达三千多年的历史，被称为"二十四史"（我国历代官方编写的史书总称）之首。《史记》对后世史学的发展产生了深远影响，被著名文学家鲁迅誉为"史家之绝唱"。

原典精选

七年而太史公遭李陵之祸，幽于缧绁①。乃喟然②而叹曰："是余③之罪也夫！是余之罪也夫！身毁不用矣。"退而深惟④曰："夫《诗》《书》隐约⑤者，欲遂其志之思也。昔西伯拘羑里，演《周易》；孔子厄⑥陈、蔡，作《春秋》；屈原放逐，著《离骚》；左丘失明，厥⑦有《国语》；孙子膑⑧脚，而论《兵法》；不韦迁蜀，世传《吕览》；韩非囚秦，《说难》《孤愤》；《诗》三百篇，大抵⑨贤圣发愤之所为作也。此人皆意有所郁结，不得通⑩其道也，故述往事，思来者。"

——《史记·太史公自序》

【注释】

① 缧绁（léi xiè）：原意是捆绑犯人的黑绳索，借指监狱，囚禁。

② 喟（kuì）然：叹气的样子。

③ 余：我。

④ 深惟：深思，深入考虑。

⑤ 隐约：隐晦且简约。

⑥ 厄：困苦、灾难。

⑦ 厥（jué）：乃，于是。

⑧ 膑：古代削去膝盖骨的一种酷刑。

⑨ 大抵：大多、大都。

⑩ 通：实现。

【译文】

过了七年，司马迁因"李陵事件"遭遇灾祸，被囚禁在牢狱之中，于是长叹道："这是我的罪过啊！这是我的罪过啊！如今我身体遭受宫刑，已经是没有用的人了。"但在平静后，我又深思："《诗经》《尚书》这两本书中的话之所以隐晦且简约，是作者想实现自己的意志。以前，周文王被拘禁在羑（yǒu）里，推演出了《周易》；孔子被围困于陈国和蔡国，写出了《春秋》；屈原被放逐在外，才著有《离骚》；左丘明因为失明，编撰出了《国语》；孙子被挖去了膝盖骨，却写出了《孙膑兵法》；吕不韦被贬到蜀郡，世上这才有《吕氏春秋》；韩非子被囚禁在秦国，创作出《说难》《孤愤》这样的文学名篇；《诗经》中的三百多首诗歌大都是圣人先贤为了抒发心中的不平而创作的。这些人都是因为心中的忧愁没有地方发泄，理想和主张没有办法实现，所以才追述往事，并写下著作来启示后人的啊！"

知识拓展

忍辱负重：为了完成艰巨的任务，忍受屈辱，承担重任。

例句：丈夫去世之后，她忍辱负重，独自抚育两个儿子长大成人。

人生在世，谁都很难一帆风顺，难免遇到一些大大小小的挫折。对你来说，挫折有什么意义呢？除了司马迁外，你还能想到历史上其他历经苦难、最终却获得成功的人吗？请你简述他的事迹。